３つの技法で作るトルコの花レース

オヤのアクセサリー ベストセレクション

七海 光

文化出版局

はじめに

トルコの伝統手芸には
縫い針で作るイーネオヤ、かぎ針で編むトゥーオヤ、
シャトルで作るメキッキオヤなどがあります。
本書は、2012年から続けて出版しましたこれら3冊の
本の中から選りすぐりの作品をまとめて
1冊の特別な本にしました。
トルコでも編み手の少なくなっている
それぞれの貴重なオヤの技術を
1冊で習得できる唯一のベストセレクションです。

1本の糸から花を結ぶイーネオヤ、
連続模様で花を編むトゥーオヤ
そして流線模様で花を作るメキッキオヤ、
それぞれの花レースをぜひお楽しみください。

七海 光

Contents

第1章
イーネオヤ

イーネオヤはトルコの伝統手芸。

イーネは縫い針、オヤは縁飾りの意味を表わし、

その名のとおり、針と糸だけで

さまざまな花モチーフのレースを作ることができます。

トルコではスカーフの縁飾りとして使われていますが、

この本ではもっと身近に使えるように、

アクセサリーに仕上げてみました。

繊細でかわいらしい花レースを、好きな色、好きな糸で作ってみませんか?

平面モチーフのコサージュ → P.91

Flower motif

イーネオヤの魅力はバラエティ豊かな花のモチーフ。
平面に編むモチーフと、立体的に仕上げるモチーフがあり、それぞれに魅力があります。
ここに紹介するのは本に掲載したアクセサリーに使用したもの。
初めての人はシンプルな平面のモチーフから作ってみましょう。

{ 平面のモチーフ }

アーモンド A → P.22、66

アーモンド B → P.68

あざみ → P.69

ハイビスカス → P.69

パパティア → P.70

ブーゲンビリア → P.70

{ 平面のモチーフ }

ジャスミン → P.71

蝶 A → P.71

蝶 B → P.72

なでしこ → P.72

ミズキ → P.74

{ 立体のモチーフ }

アダリア → P.74

ジムジメ → P.73

パパティア → P.76

カーネーション → P.78

梨の花 → P.80

ジョシュチュラン → P.24、81

スミレ → P.82

｛ 立体のモチーフ ｝

バラ → P.83

水仙 → P.84

ニゲラ → P.86

キルピクリアダリア → P.87

すいかの花 → P.88

ヒヤシンス → P.89

唐辛子 → P.90

フラワーネックレス → P.92

三角モチーフと
小花モチーフのサッシュ → P.94

ジムジメのバレッタ → P.93

アダリアのイアリング＆ピアス → P.93

キルピクリアダリアのチョーカー → P.96

唐辛子のブレスレット → P.97

〈アレンジ作品〉

いろいろなモチーフを組み合わせて
アクセサリーに仕立てました。

フラワーモチーフのヘアリボン

ヒヤシンスとすいかの花のピアス

キルピクリアダリアのコサージュ

イーネオヤに使う糸

イーネオヤに使う材料は基本的には糸と針のみです。
糸はイーネオヤ専用の糸の他、絹糸、刺繍糸なども使え、
それぞれに仕上りの風合いや大きさが異なります。

いろいろな糸で作った梨の花のモチーフ

イーネオヤ糸

刺繍糸

絹穴糸

絹手縫い糸

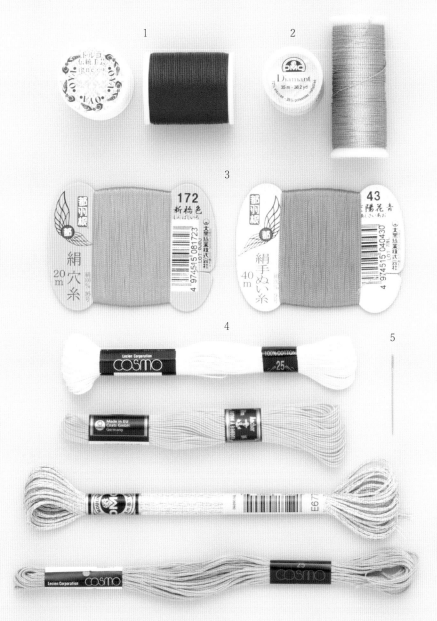

1 イーネオヤ糸

かっちりきれいにモチーフを仕上げる
ことができるナイロンのイーネオヤ専
用糸。丈夫で切れにくいのも特徴です。

2 ラメ糸

縁編みやデザインのアクセントに使用
します。1本どりで使用しますが、切
れやすいので扱いには注意して。

3 絹糸

シルク独特の優しい光沢があり、柔ら
かい仕上りになります。同じ目数でも
太い絹穴糸を使用すると他の糸と比べ
て大きなサイズになり、細い絹手縫い
糸は小さなサイズに仕上がります。

4 刺繍糸

柔らかくて、編みやすく、色数も豊富。
本数を調節することでいろいろな大き
さに仕上げることができます。この本
では25番の刺繍糸、16番のアブロー
ダー、メタリック刺繍糸などを使用し
ています。切れやすいので強く引っ張
りすぎないように注意しましょう。

5 針

イーネオヤに適した針は長めのくけ
針。慣れてきたら先の丸いクロスス
テッチ用の針も使いやすいですが、く
け針に比べると短いので、初心者はく
け針をおすすめします。

イーネオヤのモチーフを作ってみましょう

イーネオヤの基本のモチーフの作り方をプロセス写真でご紹介します。
作り方ページの編み図も参照して、作ってみましょう。
初めての人は太めで扱いやすい絹穴糸（1本どり）を使用することをおすすめします。

{ 三角モチーフ＋飾りループを作る }

初めてイーネオヤを編む人は基本のオヤ結びの方法から、三角モチーフ、
飾りループの作り方がマスターできるまで、繰り返し練習しましょう。
ベースには針を通す穴があいているレースリボンを使うと作りやすいでしょう。

編み図
＊編み図の記号については P.65 参照

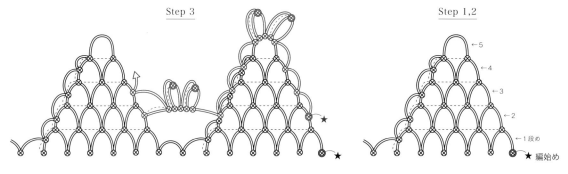

Step 3　　　　　　　　　　　　　　　　Step 1,2

←5
←4
←3
←2
←1段め
★編始め

材料
絹穴糸（黒ー三角モチーフ、赤ー飾りループ）、レースリボン

三角モチーフ＋飾りループのテクニックで作ったチョーカー。飾りループは
絹手縫い糸で編み、レースリボンに細いリボンを通して仕上げている。

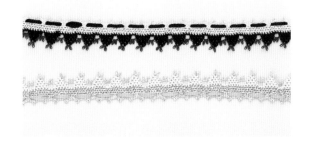

Step1 オヤ結びで山を作る

レースリボンのベースに編みつけながら、1段めの5山を作る（オヤ結びの方法は P.65 の図も参照）。

1

レースリボンの端を折り、針をいちばん右端の穴に通す。

2
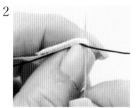
糸端を左側にして針の上にかける。

3

針穴から出ている2本の糸を、針の右側から向う側に回し、下から上に2回巻く。

4

糸を、ベースのレースリボンに対して垂直方向に引く。最後は固く小さな結び目になるまで糸を強く引く。

5
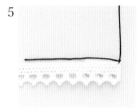
2回巻きのオヤ結びの完成。

6

針を次の穴に入れる。糸端は針の上に置いておく。

7
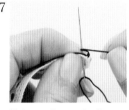
結び目から出ている糸は針の上にしっかりかける。

8

針穴から出ている2本の糸を、針の右側から向う側に回し、下から上に1回巻く。

9

糸をベースに対して垂直方向に引く。

10

最後は強く引いて、固く小さな結び目を作る。

11
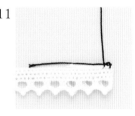
1回巻きのオヤ結び（以下、オヤ結びと記載）の完成。最初の結び目との間に小さな山ができている。この時、糸端も一緒に巻き込んでいる。

12
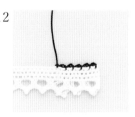
同様に6〜10を繰り返し、山を5個作る。山の大きさをそろえるには、9、10の糸の引き方がポイント。

19

Step2 三角モチーフを作る

1段め（P.19）に引き続き、2段めから5段めまで編み、三角モチーフを作る。

1段めの最初の山に針を入れ、最後の結び目から出ている糸を針の上にかける。

針穴から出ている2本の糸を針の右側から向う側に回して下から上に1回巻く。

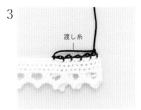
糸をベースに対して垂直に強く引いて、オヤ結びを作る。最後の結び目からオヤ結びに渡した糸を渡し糸と呼ぶ。渡し糸はたるまないように注意。

1段めの次の山に針を入れ（渡し糸も一緒にすくう）、オヤ結びをする。2段めの1山ができた状態。

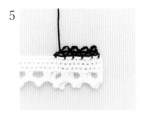
続けて同様に山を全部で4つ作り、2段めを仕上げる。

1～5と同じ要領で、3～5段めを仕上げたところ。

4段めの左端の山に針を入れ（この時、縁の渡し糸も一緒にすくう）、結び目から出ている糸を針の上にかけ、オヤ結びをする。

4段めの左端にオヤ結びをした状態。

同様にして順次、下の段にオヤ結びをしていき、1段めまで戻る。

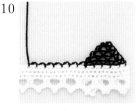
レーステープに7目、オヤ結びをする。

5目（5山）戻ったところにオヤ結び。

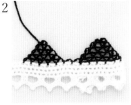
4～11と同様に編んで、三角モチーフを作る。同様に繰り返す。

Step3 飾りループを作る

山は次の結び目の間隔をあけるが、ループは結び目のすぐ横に結び目を作る。増し目をする時や、飾り用に使われる。
ここでは、三角モチーフの上とモチーフとモチーフの間に別の色の糸で飾り用のループを作る。

1
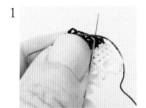
最初の三角モチーフの2段めの右端の山に針を入れ、糸端を左側にして針の上に置く。2回巻きのオヤ結びをする。

2

続けて次の段の山にオヤ結びをする。同様に全部で山を3つ作ったあと、最後の結び目と同じ山のすぐ隣に針を入れる。

3

続けてオヤ結びをするが、糸を引く時、作りたいループの高さのところに針を入れておく。

4

針を入れたまま糸を引き締める。ループの出来上り。ループの大きさはデザインによって調節する。

5

4のループに針を入れて2回巻きのオヤ結びをし、ループの根もとの結び目のすぐ隣にオヤ結びをする。

6

2重の飾りループができた状態。

7

2〜6と同じ要領で2重の飾りループをもう1つ作ったあと、次の山（4段めの左端の山）を渡し糸と一緒にすくい、オヤ結びをする。

8

同様に2段めの山までオヤ結びをして降りる。

9

次の三角モチーフの2段めの右端の山に針を入れてオヤ結びをする。

10

渡した糸のちょうど中間に針を入れ、最後の結び目から出ている糸を針の上にかけてオヤ結びをする。

11

飾りループを2〜6の要領で2つ作る。

12

次の三角モチーフの3段めの右端の山に針を入れてオヤ結びをしたあと、同様に飾りループを作りながら編み進み、仕上げる。

まず、グリーンの糸で土台と葉を作り、次に別糸で花びらを編み、
形が安定するようにテグスを編みくるんで縁編みをして仕上げます。
コードに編みつけると、そのままネックレスにしたり、
最後にコードをはずしてモチーフだけを使うこともできます。

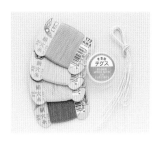

材料

絹穴糸（グリーン－葉 A、ブルー－花び
ら、黄色－縁編み A、水色－縁編み B）、
テグス 3 号、コード

Step1 葉 A（土台、葉）を作る

コードに編みつける（P.65 参照）。まず三角形の土台の上にループを作り、続けて飾りループのついた葉を編む。
＊編み図は P.66 参照。葉は右側のループに編みつける。

1	2	3	4

土台はグリーンの糸でコードに約 3mm 間隔にオヤ結びをして 5 山作り、続けて三角モチーフ（P.20 参照）を仕上げる。	頂点の少し右寄りにオヤ結びをする。	少し長め（2 段分くらい）のループを作る（葉の 1 段め）。ループの作り方は P.21 を参照。	3 のループの上に 3 つ小さなループを作る（2 段め）。

5	6	7	8
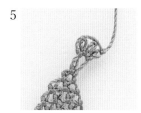		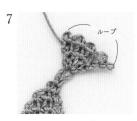	
4 の右のループにオヤ結びをする（渡し糸は少しゆるめにする）。	最初はループを 1 つ作り、次は前の段のループにオヤ結びをして山を 2 つ作り、最後はまたループを 1 つ作る（3 段め）。	3 段めの最初のループにオヤ結びをし、ループ、3 山、ループと作る（4 段め）。	4 段めの最初のループにオヤ結びをし、すぐ隣にオヤ結びをして飾りループを 1 つ作る。

9

続けて、4山作る（5段め）。ここから減し目になる。

10

6段めは5段めの1山めに飾りループ、続けて3山作る。以降、編み図を参照して7～9段めを1目ずつ山を減らしながら編む。

11

1段めのループの横にオヤ結びをする。糸は葉のモチーフに触れないくらいの余裕を持たせる。

12

続けて11のすぐ左に2回巻きのオヤ結びをし、長めのループ（2段分くらい）を作る。

Step2 花を編む

アーモンドAのモチーフをStep1の葉に編みつける。まず、葉のループにブルーの糸で花びらを編みつけ、
そのあとに黄色の糸で周囲に縁編みAをし、さらにその回りに水色の糸で縁編みBをして仕上げる。

1

Step1の12のループに針を入れ（花びら用のブルーの糸）、糸端を針の上にかける。

2

2回巻きのオヤ結びをしたところ。

3

ループを3つ作る（1段め）。

4

編み図を参照して、2～4段めは増し目、5～9段めは減し目をしながら編む。

5

縁編みA（黄色の糸）をする。1と同じループに針を入れ（花びらの右側）、糸端とテグスを針の上にかける（糸端は左、テグスの端は右）。

6

続けて2回巻きのオヤ結びをする。

7

花びらの1段めの最初のループにオヤ結びをする。糸端は1目のみ巻き込む（糸は最後に切る）。

8

テグスを編みくるみながら、花びらの回りにオヤ結びをする。頂点まで編んだら、花びらの糸端（青）も一緒に編みくるむ。

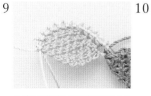

9

テグスと花びらの糸端を編みくるみながら縁編みをする（花びらの糸端は2～3目分のみ編みくるむ）。

10

縁編みAができたところ。縁編みA（黄色）、テグス、花びら（青）、葉の糸端を2mm残して切る。

11

縁編みB（水色の糸）も同様に編み（テグス、花びら、葉の糸端は巻き込まない）、最後に糸を切り、土台をコードからはずす。

まず葉を作り、花は指にかける作り目からがくを筒状に編み、続けて花びら、縁編みを編んでいきます。
花びらの間に飾り花を編み、花心を作って、葉とつなげて仕上げます。

材料

絹穴糸（グリーン－葉 B、赤－花びら・
縁編み、白－花びら、黄色－飾り花・花
心）、テグス 3 号、コード

Step1 葉 B（土台、茎、葉）を作る

コードに編みつける（P.65 参照）。土台を編み、茎を筒状に編んだあと、3 枚の葉を編みつけて仕上げる。

1

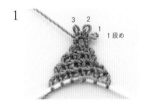

グリーンの糸で土台の三角モチー
フを編み、頂点の右寄りにオヤ結
びをして、ループを 3 つ作る。

2

1 目めに針を入れ、最後の結び目
から出ている糸を針の下から回し
て上にかける。

3

オヤ結びをして 2 段めに移ったと
ころ。渡し糸は手前にくる。

4

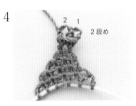

続けて 2 つめのループ、3 つめの
ループにオヤ結びをする（2 段め
の 1、2）。

5

4 が手前にくるように持ち替え、
3 で渡した糸にオヤ結びをする
（2 段めの 3）。

6

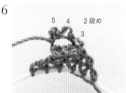

5 の横に少し離してオヤ結びをす
る（2 段めの 4）。同様にもう 1
回オヤ結びをする（2 段めの 5）。

7

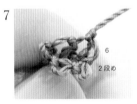

2 段めの 1 にオヤ結びをする（2
段めの 6）。

8

3 段め以降はすべて 6 目で、筒状
に 7 段まで編み進む。

9

7 段めの最初の目にオヤ結びを
し、続けてループを 3 つ編む。

10

編み図を参考にして葉A（P.22 参
照）を 1 目おきに 3 枚編みつける。

Step2 がくと花びらを編む

1
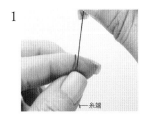
指にかける作り目からがくを編む。糸端（赤の糸）を下にして親指と人さし指ではさみ、人さし指の向う側から手前へ1回巻く。

2
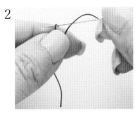
針を1で巻いた糸の中に入れる。

3
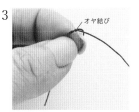
2回巻きのオヤ結びをする。

4

結び目の向う5〜6mmのところに針を入れ、オヤ結びをする。

5
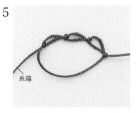
同様に等間隔にもう2回オヤ結びをする。

6

指の腹で最初に作った結び目を押さえ、糸端を引くと、3つのループができる。

7

糸端を右にして持ち替え、右端のループに針を入れ、結び目から出ている糸を針の下から回してかける。

8

オヤ結びをしたところ。渡し糸が手前にくる。

9
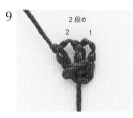
残りのループにオヤ結びをする（2段めの1、2）。渡し糸が向う側になるように持ち替える。

10

渡し糸にオヤ結びをする（2段めの3）。続けて等間隔にもう1回オヤ結びをする（2段めの4）。

11

2段めの1にオヤ結びをする（2段めの5）。

12

3段め以降はすべて5目で、筒状に6段まで編む。がくの出来上り。

13

がくの6段めの最初の目にループを3つ作る（花びら1段め）。

14

続けて花びらを編む。花びらは葉を編む要領で仕上げる。

15
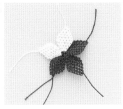
がくの他の目にもそれぞれ花びらを編む。2枚は白い糸で編む。

25

Step3 縁編みをする

1 花びらの1段めの最初のループに針を入れ、糸端とテグスを針の上にかける（糸端は左に、テグスの端は右）。

2 2回巻きのオヤ結びをする。テグスと糸端も一緒に結んでいる。

3 テグスと糸端（赤）を巻き込み、縁編みをする。糸端のみ2〜3目巻き込んで切る。頂点まで編んだら花びらの糸端（白）を巻き込む。

4 テグスと花びらの糸端を巻き込んでいる状態。花びらの糸端（白）は2目巻き込んで切る。

5 花びらの1段めの左端まで縁編みをしたら、縁編みの最初の目から反対側の目まで針を入れる。

6 テグスをはさんで2目一緒にオヤ結びをする。これで花びらが立体的になる。

7 続けて同様に他の花びらにも縁編みをする。最後は2回巻きのオヤ結びをし、2mm残して糸端（縁編み）を、ぎりぎりでテグスを切る。

Step4 花びらの間に飾り花を編む

1 花びらの指定位置に2回巻きのオヤ結びをし（黄色の糸）、隣の花びらに針を入れ、糸端と結び目から出ている糸を上に置いて、オヤ結びをする。

2 渡した糸にオヤ結びをしてループを2つ編み（最後は2回巻きのオヤ結び）、糸端（黄色の糸）を切る。

3 すべての花びらの間に飾り花を編んだところ。このあと、最初の作り目のときの糸端を2mm残して切る。

最後に糸端を切る

Step5 花心を作る

1 ハサミなどに糸を7回巻く（巻く回数は花の種類によって異なる）。

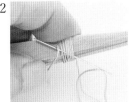
2

針を巻いた糸の中に入れる。

3

2回巻きのオヤ結びをする。

4

ハサミを抜く。短いほうの糸端を切る。花心の出来上り。

1

花心を花の中心に入れる。

2

がくの中に花心の糸端を入れ、1段めに2回巻きのオヤ結びをしてとめつける。

3

葉の中央から針を入れて、2の花を茎の中に入れる。土台の三角モチーフの最後の目に2回巻きのオヤ結びをしてとめる。

4

飾りループを2つ作り、糸を切る。

5

出来上り。

＊花びらの糸が足りなくなったとき

糸が足りなくなったときは、新しい糸をつけて編み続ける。
糸替えは段の編始めで行なうといい。

1

段の編始めのとき、1目めに針を入れ、古い糸の糸端が右に、新しい糸の糸端が左にくるようにのせ、オヤ結びをする。

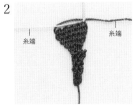
2

オヤ結びをしたところ。

3

続けて新しい糸の糸端、古い糸の糸端を2重に巻き込みながら1段編み、新しい糸と古い糸の糸端を2～3mm残して切り、編み進む。

第2章
トゥーオヤ

かぎ針を使って、花のモチーフや連続模様を編むトゥーオヤ。

縫い針を使って作るイーネオヤ、タティングレースの

メキッキオヤと並んで、トルコでは昔からスカーフの縁飾りとして、

女性たちの手で作られてきた伝統手芸です。

基本は普通のかぎ針編みと同様ですから、気軽に始められるのも魅力だと思います。

この本ではアクセサリーに仕上げた作品をご紹介します。

作る楽しみ、身につける楽しみ、

両方を味わっていただけたら、うれしいです。

＜トゥーオヤのアクセサリー＞

カラフルな糸でいろいろな花モチーフを編んだアクセサリー。
糸は細くて光沢のあるトゥーオヤの専用糸をメインに使いますが、
刺繍糸や絹糸などでも作ることができます。
連続模様はハンカチやスカーフの縁飾りに。
ベースを糸で編み、途中でところどころに小花のモチーフを
編みつけながら作るネックレスは軽やかな雰囲気に仕上がります。

ばらの飾りのハンカチ → P.114

アベリアのネックレス → P.115

カモミールの縁飾りのハンカチ（写真左下）→ P.41、99　カーネーションの縁飾りのハンカチ（写真右上）→ P.100

マーガレットのネックレス → P.101

スクエアフラワーのペンダント →P.102

エフェオヤモチーフのペンダント →P.103

ばらのコーム → P.104

ばらのピアス → P.104

＜ ボンジュクトゥーオヤのアクセサリー ＞

ビーズを入れて編むトゥーオヤをボンジュクトゥーオヤと呼びます。
使うビーズは丸小ビーズやスパングル、
華やかな仕上りでアクセサリーにぴったりです。
モチーフは平面的なもの、幾何学的な印象の連続模様、
立体的な花や実の形に作るものなど。
糸の色とビーズの色の組合せを工夫して作ってみましょう。

小さな実のネックレス → P.106

マリーゴールドのチョーカー →P.42、107

マリーゴールドのヘアピン →P.42、107

小花の連続模様 →P.106

レースフラワーのブレスレット（写真手前と奥）→ P.108

ムスカリのブレスレット（写真中央）→ P.114

プリムラのネックレス → P.109

りんごのペンダント　→P.44、110

ブラックベリーのベルト →P.112

ブラックベリーのブレスレット →P.111

トゥーオヤに使う材料と道具

1 トゥーオヤ糸

光沢があって発色のいいポリエステルのトゥーオヤ専用糸。
丈夫でかっちり編むことができます。

2 ラメ糸

縁飾りやデザインのポイントに。1本どりで使用しますが、
切れやすいので気をつけて編みましょう。

3 刺繍糸

この本ではアブローダーを使用しました。
マットな質感で優しい雰囲気に仕上がります。

4 レース針

レース編み用のかぎ針、基本的には12号を使用しますが、
この本では作品により、10号と8号の針も使っています。

5 ビーズ（丸小ビーズ）、スパングル

ボンジュクトゥーオヤに使用します。

＊レース針の持ち方

編み糸がゆるまないよう、レース針を握り込むようにして持つ
ことをおすすめします。普通の編み物の持ち方と違うので最初
は編みにくいかもしれませんが、慣れるとこの持ち方のほうが、
きっちりときれいに仕上げることができます。

トゥーオヤのモチーフを編んでみましょう

基本的なトゥーオヤのモチーフ（カモミール）、
ボンジュクトゥーオヤの立体的なモチーフ（マリーゴールド、りんご）の編み方をプロセス写真でご紹介します。
＊トゥーオヤは糸が細いので、基本的には目の中にかぎ針を入れずに、束にすくって（前段の鎖編み全体を拾って）編んでいきます。
＊トゥーオヤ糸の糸端の処理は、編み終わってから糸端を短く切り、ライターの炎をさっと近づけて溶かし、
燃えないように指先でつまみます（トゥーオヤ糸以外の場合は溶かさないので注意。
その場合はほつれ止め液をつけてから2mmほど残して糸を切る）。

{ カモミールのモチーフ → P.30、編み図 P.99 }

トゥーオヤには布やレースに直接編みつける方法と、
最初の鎖編みに続けて編みつけていく方法がありますが、
これは細いレースリボンに編みつける方法です。

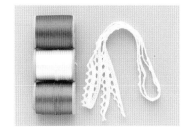

材料
トゥーオヤ糸
（緑、白、オレンジ）
レースリボン

＜茎を編む＞

1
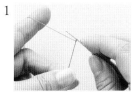
緑の糸で作り目をする（P.116参照、この目は目数に数えない）。

2
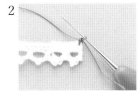
リボンの端を折り、針をいちばん右の穴に入れ、細編みを1目編む。

3
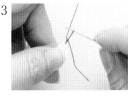
七宝編みをする。まず、糸を5〜6mmのばす。

4
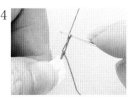
大きめの鎖編みを1目編む。

5
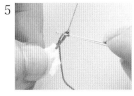
4の鎖編みの裏山に針を入れる。

6
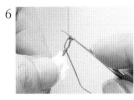
糸をかけて引き出す。

7
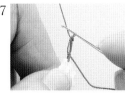
針に糸をかけて引き抜く（細編み）。七宝編み1目の出来上り。

8
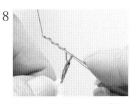
三つ巻き長編みを編む。まず針に3回糸をかける。

9
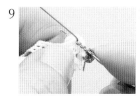
レースリボンの穴（7〜8mm間隔をあける）に針を入れ、糸をかけて引き出す。

10
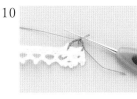
針に糸をかけ、2ループずつ引き抜く（4回）。三つ巻き長編みの出来上り。

11

鎖編みを4目編み、針を七宝編みと三つ巻き長編みの間に入れる（束にすくう。以下同様）。

12

細編み1目を編む。頂点のピコットの出来上り。

13

続けて細編みを5目編む。

14
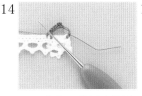
レースリボンの隣の穴に針を入れ、細編みを1目編む。

15
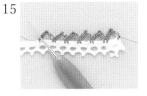
同様に繰り返し、必要な長さ分、茎を編む。

< 花心を編む >

16

針に白い糸で作り目をし、最初に編んだ茎のピコットの中に入れ、束にすくって細編みを1目編む。

17

鎖編み2目、長編みを2目編み、続けて鎖編みを2目編んで、細編みを1目編み、七宝編みをする（3〜7参照）。

18

次の茎のピコットの中に針を入れ、同様に繰り返す。

19
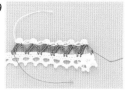
花心の出来上り。

< 花びらを編む >

20

針にオレンジの糸で作り目をし、19を裏に返して持ち、最初の茎のピコットの中に針を入れる。

21

細編みを1目編む。

22

鎖7目を編み、表に返して、細編み1目を再び最初の茎のピコットの中に編みつける。

23

鎖編みを2目編み、長編み1目、鎖編みを3目編んで、長編みの足に細編みを編みつける。

24
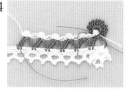
同様に8回繰り返し、最後は鎖編み2目編み、根もとに細編み1目編んで糸を切る。

25
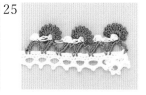
繰り返して花びらを編み、最後に糸端の処理をする。

{ マリーゴールドのモチーフ → P.35、編み図 P.107 }

花びらの縁と花心にビーズをあしらった立体的な花モチーフ。
まず花の土台を編み、続けて花びら、花心と編んで仕上げます。
ビーズは必要な量をあらかじめ糸に通しておきます。

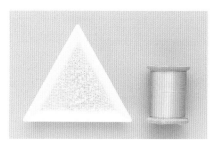

材料
トゥーオヤ糸（ピンク）
丸小ビーズ（クリア）

＜土台を編む＞

1

糸にあらかじめ必要な数のビーズ（この場合84個）を通しておく。

2

鎖編みを3目編み、ビーズを6個寄せ、針に糸をかけて引き抜く。これでビーズのループができる。

3

鎖編みを6目編み、1個めと2個めのビーズの間に細編みを1目編む。

4

同様に鎖編みを6目、次のビーズの間に細編みし、これを5回繰り返す。土台の出来上り。

＜花びらを編む＞   ＜花びらの回りにビーズを入れる＞

5

最初の土台（鎖6目）を束に細編み1目、鎖編み2目、長編み10目、鎖編み2目、細編み1目を編む。

6

同様に繰り返して、花びらを全部で6枚編む。

7

鎖編みを1目編み、1枚めの花びらの最初の鎖編み2目のところを束にすくって細編みを1目編む。

8

ビーズを1個寄せ、糸をかけて引き抜き、前段の長編みの頭を拾って細編みを1目編む。

9

同様に9回繰り返し、前段の鎖編み2目のところを束にすくって細編みを1目編む。

10

針をはずさずに向きを変えて、花びらの反対側、最初の鎖編み1目のところに針を入れる。

11

細編みを1目編む。これで花びらの根もとがすぼまり、立体的になる。

12

針の向きを変え、鎖編みを1目編み、2枚めの鎖編み2目のところを束にすくって細編みを1目編む。

＜花心を編む＞

13

同様に編み進み、最後の花びらを編み終わったところ。

14

続けて鎖編みを4目編み、ビーズ6個寄せ、糸をかけて引き抜く。

15

同様にあと2回繰り返し、全部で3つのビーズのループを作る。

16

鎖編みを3目編み、最後のループの頂点に細編みを1目編む。

17 残りのループの頂点にも同様に細編みを編む。

18 鎖編みを3目編み、14の鎖編み4目に針を入れて細編みを1目編む。

19 鎖編みを4目編み、対角線上の花びらの根もとに針を入れる。

20 細編みを1目編む。

21 鎖編みを3目編み、裏に回して、花びらと花びらの間に入れ込む。

22 立上りの鎖編み3目の1目めに細編みを1目編み、糸端の処理をする。

23 モチーフの出来上り。

{ りんごのモチーフ → P.38、110 }

立体的な丸いりんごのモチーフはまず、内側の芯の部分を編み、その回りに外側の果肉の部分を編んで仕上げます。

内側の芯の編み方　外側の編み方　葉と丸かんつけ位置の編み方

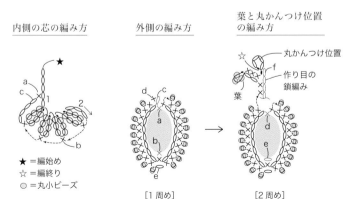

★=編始め
☆=編終り
○=丸小ビーズ

[1周め]　　[2周め]

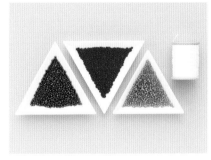

材料
トゥーオヤ糸（白）
丸小ビーズ（ブロンズ、赤、緑）

＜内側の芯を編む＞

1
必要なビーズを編むのと反対の順に通しておく。

赤 40 個
緑 3 個　ブロンズ 24 個

2
鎖編みを 5 目編み、ビーズを 6 個寄せて糸をかけ、引き抜く。

3
同様にあと 3 回繰り返し、4 つのループを作る。

4
鎖編みを 3 目編み、4 つめのループの頂点に細編みを 1 目編む。

＜外側を編む＞

5
残りのループの頂点にも同様に細編みを編む。

6
鎖編みを 4 目編み、鎖編みの 4 目めに細編みを 1 目編む（図の a）。

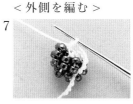

7
鎖編みを 8 目編み、図の b のループの頂点の細編みに細編みを 1 目編む。

8
反対側に鎖編みを 8 目編み、図の c に細編みを 1 目編んでとめる。

9
針の向きを変え、ビーズを 1 個寄せて引き抜き、細編みを 1 目編む。

10
同様に全部で 10 目、ビーズを寄せながら編む。

11
鎖編みを 1 目編む（図の e）。

12
同様に 10 目編む。

13
図の c の根もとに細編みを 1 目（図の d）編む。1 周めの出来上り。

14
鎖編みを 8 目編み、図の e の鎖編みを束にすくって細編みを 1 目編む。

15
反対側に鎖 8 目を編み、図の c の根もとに細編みを 1 目編む。

16
9 ～ 13 と同様にビーズを 1 個ずつ寄せながら編む。

＜葉と丸かんつけ位置を編む＞

17
2 の最初の鎖編みを束にすくって細編みを 2 目編む。

18
鎖編みを 2 目編み、ビーズを 3 個寄せ、糸をかけて引き抜く。

19
18 の鎖編みを束にすくって細編みを 3 目編み、図の f に引き抜く。

20
鎖編みを 4 目編んで引き抜き、糸端の処理をする。

第3章
メキッキオヤ

舟形の小さな糸巻きシャトルを使って結び目を作り、

繊細な模様のレースに仕上げる、トルコの貴重な伝統手芸の一つのメキッキオヤは、

一般のタティングレースと同様ですが、

最大の特徴は、芯糸にシャトルの糸を巻きつけるシンプルな動作の繰返しで結び目ができること。

目を移すという工程がないため、初心者にも覚えやすくて失敗が少ない方法です。

この本では美しい色の糸やビーズを使ったアクセサリーをご紹介します。

シンプルな連続模様から華麗な花形のモチーフまで、

小さなシャトルから生まれる、さまざまなレースの表情をお楽しみください。

＜シンプルな連続模様＞

リング（輪）とチェーン（直線）を組み合わせたメキッキオヤの繊細な連続模様。
ブレスレットやチョーカー、ネックレスなどのアクセサリーに仕上げるときは、
小さなビーズをちりばめると華やかです。

A → P.120

B → P.120

C → P.57

D → P.121

E → P.121

F → P.121

ゴールドラメのチョーカー → P.122

デイジーのブレスレット → P.123

三つ葉モチーフのチョーカー → P.124

すずらんのベルト → P.125

＜丸い花のモチーフ＞

連続模様を円形に仕上げると、愛らしい丸い花のモチーフに。

1個でピアスやペンダントに、1列につなげてネックレスやラリエットに、

何段にもつなげてバブーシュカやジレに、

アクセサリーのバリエーションが広がります。

A → P.130

B → P.132

C → P.60

D → P.62

マーガレットのラリエット → P.64, 126

ばらのリング → P.128

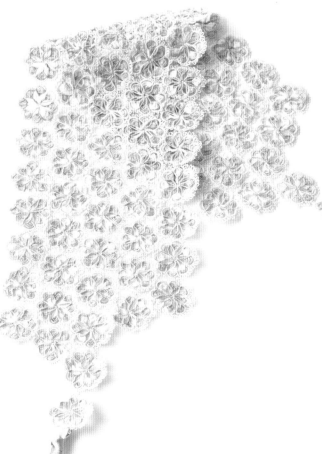

なでしこのバブーシュカ → P.129

こでまりのつけ衿 → P.130

クリスマスローズのネックレス → P.132

あじさいのジレ → P.60, 134

メッキオヤに使う
材料と道具

1 糸

レース糸、絹穴糸、オヤ糸、ラメ糸など。

2 ビーズ

丸ビーズ（丸大、丸小、特小、デリカビーズ）、竹ビーズ。

3 シャトル（写真はクロバー製）

専用の糸巻き。舟形で、中心の柱の部分に糸を巻いて使う。先のとがったタイプのものが便利。作品によって2〜5個使用する。

4 ゲージ

ピコのサイズをそろえるために使う。厚紙を5mm幅（基本のピコの場合。作品によって調節する）に細長く切って作る。

5 はさみ

6 かぎ針（8号レース針）

糸を引き出すときに使用する。

7 ほつれ止め用のり

糸端の処理に使う。ペンタイプは細かいところに使えて便利。

メッキオヤの基本

< 基本の目（ダブルステッチ）>

左手にかけた糸を右手で持ったシャトルの糸を通して、最初に表目、次に裏目を作ります。表目＋裏目で1目、これをダブルステッチといいます。

*メッキオヤは一般のタティングレースと違い、目を移さない方法をとるため、左手にかけた糸が常に芯の糸になり、シャトルの糸が目になります。そのため、作っている際の目の向き（ピコの位置なども）はタティングレースとは逆になります。

< リングとチェーン、ピコ >

メッキオヤのモチーフはリングとチェーンで構成され、それぞれ、ピコでつなぎながら、模様を作っていきます。

*リング　左手の指にかけた糸の根もとを、ダブルステッチ（1目）でまとめて輪にし、その輪に目を作っていきます。
*チェーン　直線上に目を作っていきます。
*ピコ　目の間に作る小さなループ。リングとリングをつなぐ場合や装飾に用いられる。この本ではピコの高さ約2.5mm（5mmの間隔をあけて目を作り、引き寄せる）が基本。

ダブルステッチ（基本の1目）

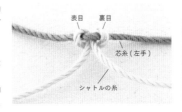

*ダブルステッチの連続で目を作る

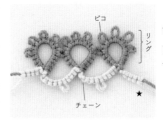

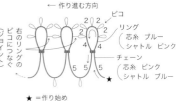

★ =作り始め
━ =2本一緒に1目作る
　　（目数には入れない）

メッキオヤのモチーフを作ってみましょう

{ シンプルな連続模様 → P.47 C、作り方図は P.56 }

チェーンとリングを交互に作る、シンプルな連続模様です。
シャトルの糸の巻き方、表目、裏目の作り方、チェーン、リングの作り方、
ピコのつなぎ方など、基本のテクニックを解説します。

A シャトルに糸を巻く

基本的には使う糸はすべてシャトルに巻いて作る。色違いのシャトルを選ぶと一目でわかり作業しやすい。

1

材料　レース糸2色（ここではオリムパス エミーグランデのピンクとブルー）、シャトル2個。

2

シャトルを写真のように持ち、中心の柱の穴にピンクの糸を手前から通す。

3

糸端を左のつめの部分に通して手前に持ってくる。

4
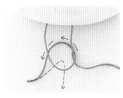
糸端を持って糸玉につながっている糸の上で輪を作り、糸端を輪の中に通す。

5
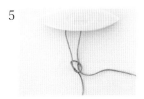
結び目ができる。

6

糸玉につながっている糸を引き、結び目を中心の柱に寄せる。このあと、糸端側の糸を短く切る。

7

シャトルを縦にして持ち、糸を手前から向う側に向かってつめの部分に通しながら巻く。

8

シャトルの両サイドから糸がはみ出さない程度に巻き、糸を切る。ブルーの糸も同様に巻く。

B チェーンを作る

チェーンは目（表目＋裏目）を直線上に連続して作る。

＊表目を作る

1

ピンクの糸が左側にくるように2色の糸を一緒に、左手の親指と人さし指でつまむ。

2

2本の糸をつまんだままにして、ピンクの糸を写真のように左手にかける。

3

ピンクの糸を薬指、小指に2重に回す。

4

シャトルが小指にかかった状態。これでピンクの糸が固定される（チェーンのかけ方）。

5
ブルーのシャトルから糸を20cm
くらい引き出し、右手の親指と人
さし指でつまんで持つ（シャトル
のつめの部分が前にくるように）。

6
右手の中指、薬指、小指の3本で
ブルーの糸を軽く握る。

7
そのまま手首を返してブルーの糸
を写真のように3本の指の甲側に
渡す（親指と人さし指でつまんだ
シャトルは糸の下にある）。

8
シャトルを左手にかけたピンクの
糸の下へくぐらせる。

9
シャトルをさらに進め、右手の人さ
し指とシャトルの間を左手のピン
クの糸がくぐり抜けるようにする。

10
すっかりくぐり抜けた状態。次に
左手のピンクの糸の上からシャト
ルを戻す。

11
シャトルと右手の親指の間をピンク
の糸がすべり抜け、右手の甲に
渡した糸の下をくぐり抜ける。

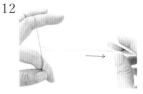

12
そのままシャトルを引く。左手の
糸は常にピンと張った状態にして
おく。

＊裏目を作る

13
しっかりシャトルを引き、できた
目を2本の糸をつまんだところに
寄せる。表目ができる。
★ピンクの糸が芯になり、ブルー
の糸が巻きつく。

14
左手の人さし指と親指で表目を
しっかりつまむ。シャトルを持ち
（7のように3本の指にはかけな
い）、左手の糸の上に進める。

15
シャトルを今度は左手のピンクの
糸の下から戻す。この時、右手の
人さし指とシャトルの間をピンク
の糸がすべり抜ける。

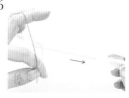

16
シャトルの糸を引く。この時も左
手のピンクの糸は常にピンと張っ
た状態。

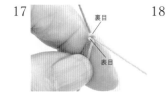

17
シャトルの糸をしっかり引くと、
裏目の出来上り。これで1目（ダ
ブルステッチ・P.56参照）が完成。

18
同様にしてあと4目作る。

C リングを作る

*最初のダブルステッチは作り方の図の中では■で表示し、目数には入れない。

1

左手にかける
糸端

作ったチェーン（直線）の目を逆向きに裏返して置き、手にかけ直す（リバースワーク P.60 参照）。

2

シャトルにつながる

チェーンの目を左手でつまみ、糸を中指（または中指と薬指）にかけ、人さし指の上に渡す（リングのかけ方）。

3

2 の糸も人さし指と親指でつまむ。ピンクのシャトルを持ち、ブルーの糸 2 本の下にくぐらせる。

4

シャトルをブルーの糸の上から戻して糸を引き、表目を作る。

5

チェーンの裏目を作るときと同様にシャトルを持ち、裏目を作る。

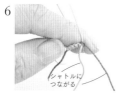

6

シャトルにつながる

1 目の完成（目数には入れない）。これで輪ができる。糸をつまんでいた人さし指を輪の中に入れる。

7

輪にしたブルーの糸（1 本）を芯糸にピンクの糸で目を作る（ブルーの糸を中指と薬指にもかけると作りやすい）。

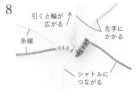

8

引くと輪が広がる
左手にかかる
糸端
シャトルにつながる

4 目作ったところ。
★途中で輪が小さくなったら、芯糸を左手にかけたまま、シャトルにつながっている芯糸を引いて輪を広げるといい。

＊ピコを作る

ピコの高さ（大きさ）をそろえるためにはゲージ（P.56 参照）を使用する。
ゲージの幅の半分がピコの高さになる。慣れてきたらゲージなしで作ってもいい。

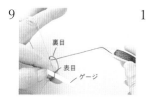

9

裏目
表目
ゲージ

まず左手にかけた芯糸とシャトルの糸の間にゲージを入れてつまみ、シャトルを持って表目を作り、次に裏目を作る。

10

裏目が完成したところ。このあと、ゲージをはずして、シャトルを引いて目を寄せてピコを作る。

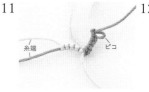

11

糸端
ピコ

ピコが 1 つ完成したところ。ピコを作ったときの目（9、10）は 1 目に数える。

12

5 4
3 2 1

続けて 1 目作る（ピコを作るときの 1 目と合わせて編み図では 2 目となる）。9 ～ 12 を繰り返し、指定の目数を作る。ピコの目がそろっていなかったら、シャトルのつめをピコに入れて整えるといい。

13

チェーン
1 2 3 4 5
糸を引く

ブルーの糸を引いて輪を引き締める。この時、チェーンに続いてピコが作った順番に並ぶように手で少しひねりながら引くこと。

14

4 5 リング
3 2 1

リングができたら、今度はピンクの糸（芯糸になる）を左手にかけ（チェーンのかけ方・P.57 参照）、ブルーのシャトルを右手に持つ。この時、先に作ったリングは芯糸の左側にくるように裏返して（リバースワーク・P.60 参照）つまむ。

D 再びチェーン、リングと交互に作る（リバースワーク）

チェーンとリングを交互に作る場合、先に作ったリング（またはチェーン）を逆向きに裏返して、
チェーン（またはリング）を作る。これをリバースワークといい、それぞれの目の向きが交互に入れ替わり、模様ができる。

1

左手の糸を芯糸に、ブルーのシャトルの糸で表目を作る。

2

続けてチェーンの目を作ったら、今度はチェーンが芯糸の左側になるように裏返す（リバースワーク）。

3

ブルーの糸を左手にかけ（リングのかけ方・P.59参照）、ピンクのシャトルの糸でリングを作り始める。

4

ブルーの糸の根もとに1目作ってまとめ、輪にする。

＊最初のリングのピコとつなぐ（ジョイント）

5

できた輪の中に人さし指を入れ、4目作る。

6

最初に作ったリングを手でつまみ、最後（5番め）のピコがブルーの糸の上にくるようにする。

7

シャトルのつめ（またはかぎ針）をピコの手前から入れ、ブルーの糸を引き出す。

8

引き出した糸の輪の中にシャトルを通す。

9
そのままシャトルのピンクの糸を引き、左手の中指もゆっくり上げてブルーの糸を引き締める。

10
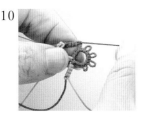
最初のリングの最後のピコと製作中のリングがつながった状態（ジョイントの完成）。

11

以降、作り方図どおりピコを入れながら作り進む。

★2番め以降のリングの輪を引き締める場合は、最初に前のリングとピコで連結して位置が決まるので、P.59 13 のようにひねって整えなくても、そのまま糸を引くだけでいい。他のモチーフのリングの時も基本的にはそのまま糸を引くだけでOK。

{ あじさいのモチーフ → P.51 C、P.55 }

P.55のジレに使用した華やかなモチーフです。

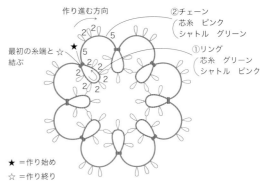

作り進む方向

②チェーン
芯糸 ピンク
シャトル グリーン

①リング
芯糸 グリーン
シャトル ピンク

最初の糸端と☆
結ぶ

★ ＝作り始め

☆ ＝作り終り

▬ ＝2本一緒に1目作る
（目数には入れない）

＊ P.54のつけ衿、ネックレスも同様のテクニックで作ります。

1
材料　レース糸2色（オリムパス エミーグランデのピンクとグリーン）、シャトル2個。それぞれの糸をシャトルに巻いておく。

2
グリーンの糸を中指と薬指（または中指のみ）にかけ、2本を人さし指と親指でつまむ（リングのかけ方）。

3
ピンクの糸を2のグリーンの糸と一緒に左手の人さし指と親指でつまみ、グリーンの糸2本に表目、裏目を作り、輪にする。

4
指定の目数で作り進む。このあと、グリーンの糸のシャトルを引き締めてリングを作る。

5
4のリングを裏返してつまみ（リバースワーク）、ピンクの糸を左手にかけ（チェーンのかけ方）、グリーンの糸でチェーンを作る。

6
チェーンを指定の目数（ピコを3個入れる）、作ったところ。

7
リバースワークして、グリーンの糸を左手にかけ（リングのかけ方）、ピンクの糸でリングを作り始める。

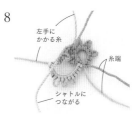

8
2目、ピコ、2目と作ったら、最初のリングの4番めのピコとつなぐ（ジョイント・P.60 D の7～10参照）。

9
続けて指定の目数でリング、チェーンと同様に繰り返す。写真は8番めのリングを、最初のリングとつなぐ直前まで作ったところ。

10
最初のリングの2番めのピコを左手にかけたグリーンの糸の上に当てる。

11
シャトルのつめ（またはかぎ針）でグリーンの糸を引き出し、できた輪にシャトルを通して糸を引く（ジョイント）。

12
最初のリングと最後（8番め）のリングがつながったところ。

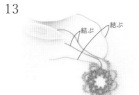

13
最後（8番め）のリングを作り、さらに最後のチェーンを作り終わったところ（糸処理のため裏返している）。

14
糸端を6～7cm残して切り、同じ色の糸どうし（13）を2重のこま結びで結ぶ（P.119参照）。

15
結び目にほつれ止め用ののりをつけ、乾いたら、糸端を切る。モチーフの出来上り。

{ なでしこのモチーフ → P.51 D、P.53 }

糸を芯の糸の間にすきまなく渡して作る渡し糸のモチーフはメキッキオヤ特有のものです。

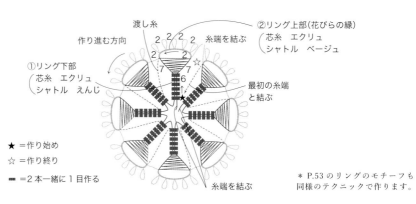

①リング下部
（芯糸　エクリュ
　シャトル　えんじ）

渡し糸
作り進む方向
糸端を結ぶ
②リング上部（花びらの縁）
（芯糸　エクリュ
　シャトル　ベージュ）

最初の糸端と結ぶ

★＝作り始め
☆＝作り終り
■＝2本一緒に1目作る

糸端を結ぶ

＊ P.53 のリングのモチーフも同様のテクニックで作ります。

1

材料　レース糸2色（Lizbeth80番のえんじ、ベージュ）、芯糸用レース糸（DMC40番のエクリュ）。それぞれをシャトルに巻く。

2

芯の糸を左手にかける（リングのかけ方）。

3

えんじの糸を添えて左手でつまみ、芯糸2本の根もとに1目作って輪にする。

4

続けて芯糸2本にえんじの糸をかけて5目作る（最初の1目と合わせて6目）。

5

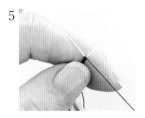

左手の芯糸を人さし指の上にV字になるようにしっかり当てる（糸を左手の中指、薬指のかけ方で調節し、写真くらいの角度になるようにする）。

6

人さし指に当てた左側の芯糸に1目作る。

7

次は右側の芯糸に1目作る。

8

同様に左、右、と交互にあと6回繰り返す（全部で7段）。作業中、V字に渡した芯糸がずれないように注意する。

9
手からはずし、向きを写真のように反対に変えて、置く。

10
9の向きで芯糸を左手にかける。

11
花びらの縁を作る。ベージュの糸を新たに左手の人さし指と親指ではさみ、芯糸に糸を渡してまず2目作る。

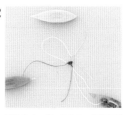

12
続けてベージュの糸で、作り方図どおり2目おきに5個のピコを入れて作る。このあと芯糸のシャトルを引いて、リングを引き締める。

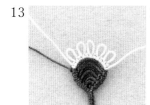

13
リングを引き締めたところ。縁が仕上がり、最初の花びらの出来上り。

えんじの糸のシャトル

14
13を逆さにして花びらの根もとを左手でつまみ、芯糸をかける(リングのかけ方)。

えんじの糸のシャトル

15
芯糸2本の根もとにえんじの糸で1目作り、輪にする。この時、間に糸が渡るが、ゆるまず、まっすぐ渡るように注意する。

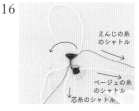

えんじの糸のシャトル
ベージュの糸のシャトル
芯糸のシャトル

16
4～8の要領で、2番めの花びらのえんじ色の部分を作る。

えんじの糸のシャトル

17
2番めの花びらのみ、16の矢印の向きに返し、えんじの糸のシャトルが左側にくるようにする。

18
芯糸の輪を左手にかけ、最初の花びらの縁から出ているベージュの糸のシャトルを、芯糸にかけて表目を作る。

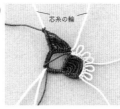

芯糸の輪

19
裏目も作って1目できたところ。最初と2番めの花びらがつながる。

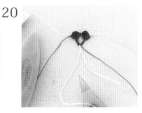

20
11～13の要領で花びらの縁(ベージュ)を作る。

21
3番め以降の花びらも順に作り、全部で8枚仕上げる。このあと、糸端約5cm残して切り、隣り合っている糸を2重のこま結びで結ぶ。

22
結び目にほつれ止め用ののりをつけて、乾いたら、糸端を切る。モチーフの出来上り。

{ マーガレットのモチーフ（花心の作り方）→ P.52 }

P.52 のラリエットのマーガレットモチーフは
花びらモチーフの中心にカラフルな穴糸を巻きつけて花心を作ります。

1

材料　アイボリーの絹穴糸で作った
花びらモチーフ（作り方は P.126
参照）、花心用の絹穴糸（ピンク）

2
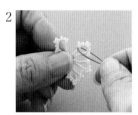
糸は 1 mに切り、半分に折って、
モチーフの 1 つの花びらにかけ
る。

3

かけた糸を中心に寄せ、写真のよ
うに、時計回り、花びら 1 つおき
にかけていく。

4

引き続き、好みの大きさになるま
で巻き、一方の糸だけもう半周さ
せる。

5

裏返し、半周先に進めた糸を針に
通して、写真のように外側から中
心へと通す。

6

もう一方の糸も針に通し、外側か
ら中心へと通す（半周巻き方が違
うので 5 と対角線上になる）。

7

2 本の糸を中心でこま結び（2
重）にする。

8

1 本の糸を花心の端と中心の中間
から表へ出し、ビーズを通して中
心に針を入れる（ビーズの穴が上
向かないように注意）。

9

同様に繰り返して残りの 2 個の
ビーズもつける。裏側の 2 本の糸
は、それぞれ花心の中心から外側
に向かって半分のところまですく
い、返し縫いをして、余分な糸を
切る。

第1章　イーネオヤ

How to Make

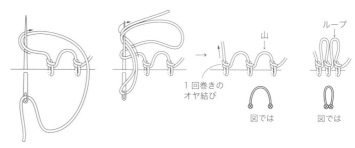

■ 基本の編み方

イーネオヤの基本はオヤ結び。針を目に入れたあと（編始めはベースのレースリボンや布に刺したあと）、針穴から出ている糸を1回、または2回巻いて、糸を引き、固く、小さな結び目を作ります。編始めや編終りなどしっかりと糸をとめたいときは2回巻きのオヤ結び、それ以外は1回巻きのオヤ結びをします。
＊オヤ結びについては、P.19の「オヤ結びで山を作る」の項も参照してください。

■ コードに編みつける方法

モチーフだけをあとで利用したい場合、そのままネックレスなどに仕上げたいときは、コードに編みつけます。編始めは、コードを輪にするように持って針を下に当て、糸端を針の上にかけ、基本と同様に結び目を作ります。モチーフを仕上げたあと、そっとコードを抜き取ります。

① 針をベースのレースリボンの穴に通すか、布の折り山の1〜2mm下のところに刺し、糸を針の上にかける。

② 針穴から出ている2本の糸を矢印のように回し、1回（または2回）巻く。針を垂直方向に引き、固くて小さな結び目ができるまで糸を強く引く。結び目と結び目の間に均一の「山」ができる。

＊結び目を前の結び目のすぐ隣に作ると、「ループ」ができる。

1回巻きのオヤ結び

図では

図では

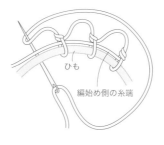

ひも

編始め側の糸端

持ち方

コードを輪にするようにして折り、親指と人さし指の先で持つ

■ 糸の分量と色

この本のアクセサリーに使用する糸はすべて少量ですので、特に分量を記載していません。色名の後の（　）内は色番号です。

■ 糸の本数

イーネオヤ糸、絹糸、ラメ糸の場合は1本どり、刺繍糸の場合は2本どりで編みます。刺繍糸は色違いの糸1本ずつを合わせる場合もあり、また、茎などは4本どりで編む場合もあります。

■ 編み進み方

イーネオヤは基本的には右から左へと編み進みます。次の段に進むときは、1段めの最初（右端）の目に針を入れて、また左へと編んでいきますが、その際には1段めの最後の目と、2段めの最初の目に糸が渡ります（渡し糸）。2段めを編む際には、この渡し糸も一緒にすくってオヤ結びをしていきます。

■ 糸端の処理の方法

編始めの糸端はオヤ結びの目に数目巻き込み、あとでぎりぎりのところで切ります。花びらの縁編みをする場合などは、花びらを編んだ糸端を、縁編みの際に数目巻き込んで始末します。最後の糸端は2回巻きのオヤ結びをしたあと、2mmくらい残して切ります。イーネオヤ糸の場合はライターの炎を近づけて糸端を溶かし、ほつれないようにします（他の糸の場合は溶かさないので注意）。

■ 編み図の記号について

★ ＝（編始め）糸をつける

☆ ＝（編終り）糸を切る

⊗ ＝ 1回巻きのオヤ結び

⊗ ＝ 2回巻きのオヤ結び

------ ＝ 渡し糸

＝ 山

＝ ループ

指定以外は同じ大きさで編む

葉 A

平面の花モチーフの葉の部分の編み方です。
立体モチーフのジムジメ、すいかの花の葉もこの編み方で作ります。
＊ P.22 の写真解説も参照してください。

編み方
1. 三角形の土台を編む。
2. 続けて少し長めのループ（2段分くらい）を編み、続けて葉を編む（右側のループに編む場合と、左側に編む場合がある）。
3. 葉を最後の段まで編んだら、1 段目のループの横にオヤ結びをし、長めのループを作り、2 回巻きのオヤ結びをして糸端を切る。
　＊このループに花を編みつける。

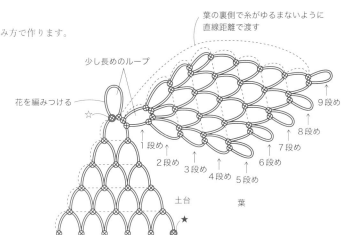

葉の裏側で糸がゆるまないように
直線距離で渡す

少し長めのループ

花を編みつける

9 段め
8 段め
7 段め
6 段め
1 段め
2 段め
3 段め
4 段め
5 段め

土台
葉

アーモンド A（平面）→ P.6

＊ P.22、23 の写真解説も参照してください。

編み方
1. 土台、葉を編む（葉 A、上図参照）。葉は右のループにつける。
2. 花びらを編む。
3. 2 の回りにテグスを編みくるみながら縁編み A を編む。
4. さらに縁編み B を編む。

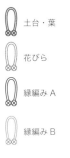

土台・葉

花びら

縁編み A

縁編み B

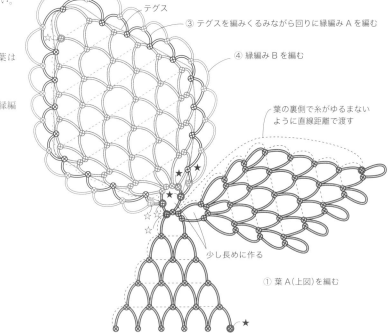

② 花びらを編む

テグス

③ テグスを編みくるみながら回りに縁編み A を編む

④ 縁編み B を編む

葉の裏側で糸がゆるまない
ように直線距離で渡す

少し長めに作る

① 葉 A（上図）を編む

葉 B

立体の花モチーフの葉の部分の編み方です。
＊ P.24 の写真解説も参照してください。

編み方

1. 三角形の土台を編む。
2. 茎を筒状に編む。
3. 飾りループのついた葉を 3 枚編む。

① 土台を編む
5 段編み、頂点に 3 目編む

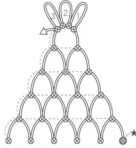

② 茎を編む
頂点に編んだ 3 目の 1 目めにオヤ結びをして
筒状にし、図のように 6 目に増し、6 目のまま
7 段めまで編む

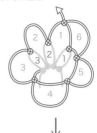

茎 7 段の編み図
同じ大きさの目で筒状に編む
（図は糸の渡し方が見やすいようにだんだん大きくしてあります）

③ 葉を3枚編む

茎の 7 段め

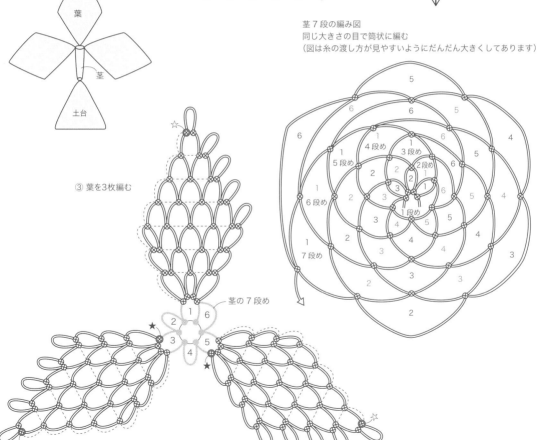

アーモンド B（平面）→ P.6

編み方

1. 土台、葉を編む（①葉 A、P.66 と写真解説 P.22 参照 ）。葉は右のループにつける。
2. がく、花びら、花心、花粉の順に編む（②～⑤）。花びらはまず右側を編み、裏返して左側を編み、ループで左右をつなぐ。

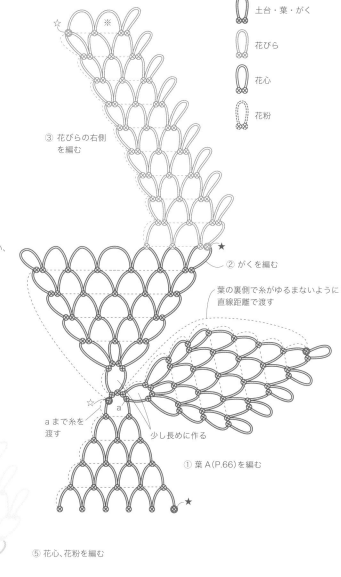

土台・葉・がく

花びら

花心

花粉

③ 花びらの右側を編む

② がくを編む

葉の裏側で糸がゆるまないように直線距離で渡す

a まで糸を渡す

少し長めに作る

① 葉 A（P.66）を編む

⑤ 花心、花粉を編む

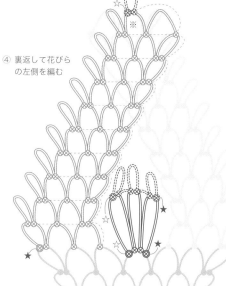

表にして左右の※を重ねて一緒にすくい、表を見ながらループを編みつける

④ 裏返して花びらの左側を編む

あざみ（平面）→ P.6

編み方

1. 土台、葉（写真解説 P.22 参照）を編む。
2. 花びらを編む。
3. 縁編みをする。

ハイビスカス（平面）→ P.6

編み方

1. 土台、葉を編む（①葉 A、P.66 と写真解説 P.22 参照）。葉は右のループにつける。
2. がく、花びらを編む。
3. テグスを編みくるみながら、花びらの縁に ループを編む。

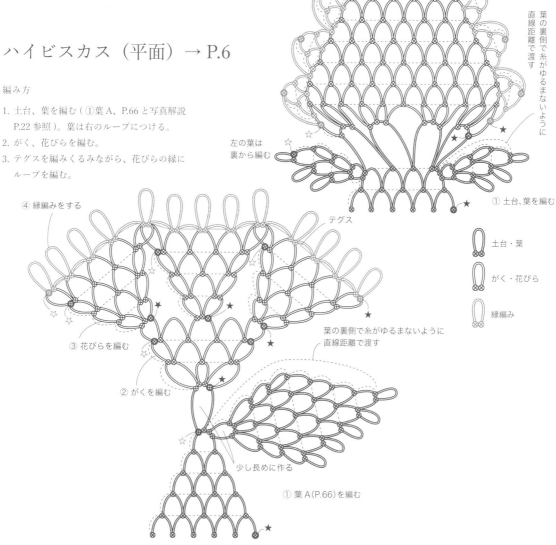

② 花びらを編む

③ 縁編みをする

葉の裏側で糸がゆるまないように直線距離で渡す

左の葉は裏から編む

☆

★

★

① 土台、葉を編む

④ 縁編みをする

テグス

③ 花びらを編む

② がくを編む

葉の裏側で糸がゆるまないように直線距離で渡す

土台・葉

がく・花びら

縁編み

少し長めに作る

① 葉 A(P.66)を編む

パパティア（平面）→ P.6

編み方

1. 土台、葉（葉A、P.66と写真解説P.22参照）を編む。
2. 花びら1を編む。
3. 2の回りに花びら2（小さな花びら9枚）を編みつける。

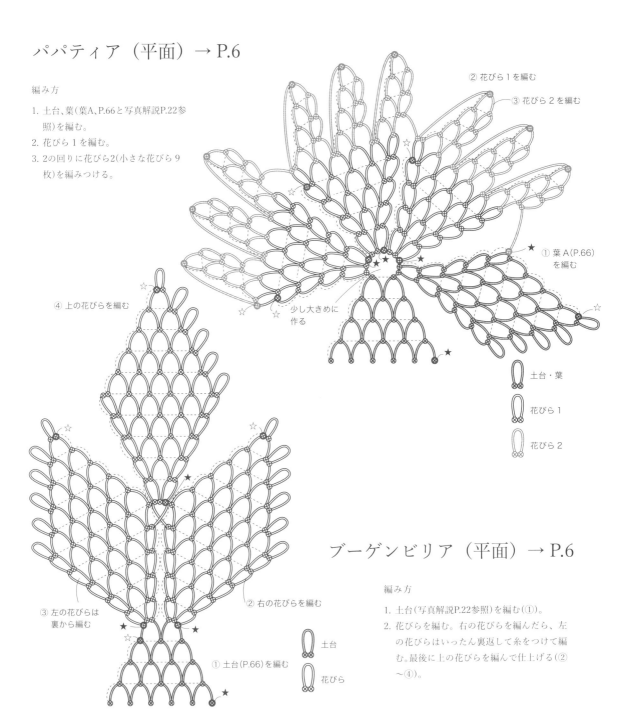

② 花びら1を編む

③ 花びら2を編む

① 葉A（P.66）を編む

少し大きめに作る

④ 上の花びらを編む

③ 左の花びらは裏から編む

② 右の花びらを編む

① 土台（P.66）を編む

土台・葉

花びら1

花びら2

土台

花びら

ブーゲンビリア（平面）→ P.6

編み方

1. 土台（写真解説P.22参照）を編む（①）。
2. 花びらを編む。右の花びらを編んだら、左の花びらはいったん裏返して糸をつけて編む。最後に上の花びらを編んで仕上げる（②〜④）。

ジャスミン（平面）→ P.7

編み方

1. 土台、葉を編む（①葉 A、P.66、写真解説 P.22 参照）。葉は右のループにつける。
2. がく、花心を編む（②、③）。
3. 花びらは、2 を裏返して糸をつけ、花心にオヤ結びをしながら b まで編み、表に返して右端の花びらから編んでいく(④)。

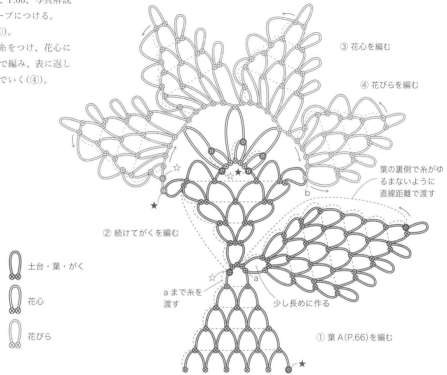

③ 花心を編む

④ 花びらを編む

葉の裏側で糸がゆるまないように直線距離で渡す

② 続けてがくを編む

a まで糸を渡す

少し長めに作る

① 葉 A(P.66)を編む

土台・葉・がく

花心

花びら

蝶 A（平面）→ P.7

編み方

1. 胴（三角形・写真解説 P.22 参照 ）を編む。
2. 右側の羽を編み、長めのループ（触角）を 2 つ編んだあと、続けて左側の羽を編む。2 段からは裏返して編む。
3. 飾りループを編む。

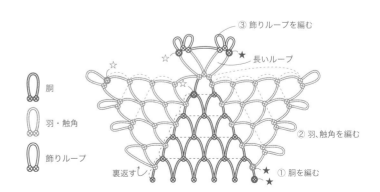

③ 飾りループを編む

長いループ

胴

羽・触角

飾りループ

② 羽、触角を編む

裏返す

① 胴を編む

蝶 B（平面）→ P.7

編み方

1. 胴（三角形・写真解説 P.22 参照）を編む。
2. 右側の羽を編み、長いループ（触角）を 2 つ編んだあと、続けて左側の羽を編む。
3. 2 のループに飾りループを編みつける。

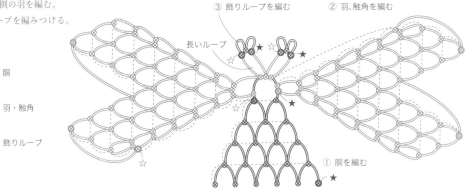

③ 飾りループを編む　　② 羽、触角を編む

長いループ

① 胴を編む

胴

羽・触角

飾りループ

なでしこ（平面）→ P.7

編み方

1. 土台、葉を編む（①葉 A、P.66、写真解説 P.22 参照）。葉は右のループにつける。
2. がくを編みつけ、続けて花びら 1、2、3 の順に編む（②、③）。

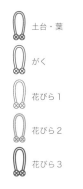

土台・葉

がく

花びら 1

花びら 2

花びら 3

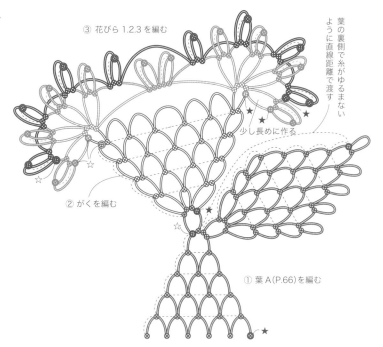

③ 花びら 1.2.3 を編む

葉の裏側で糸がゆるまないように直線距離で渡す

少し長めに作る

② がくを編む

① 葉 A(P.66)を編む

ジムジメ（立体）→ P.8

編み方

1. 土台、葉を編む（葉 A、P.66、写真解説 P.22
   参照）。葉は左のループにつける。
2. 1 の右のループにがくを編みつける（筒状
   に編む）。
3. 続けて花を編む。

① 葉 A(P.66)を編む
② がくを編む

a. 茎に 2 目編んで 1 目めにオヤ結びをして
   筒状にし、次の段で 3 目にする

b. 3 目のまま 7 段め
   まで編む

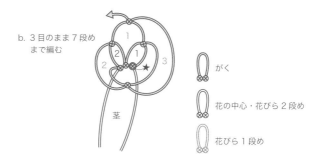

茎

がく

花の中心・花びら 2 段め

花びら 1 段め

③ 続けて花を編む
   ※平らになるように、だんだん間隔を大きくしながら編む

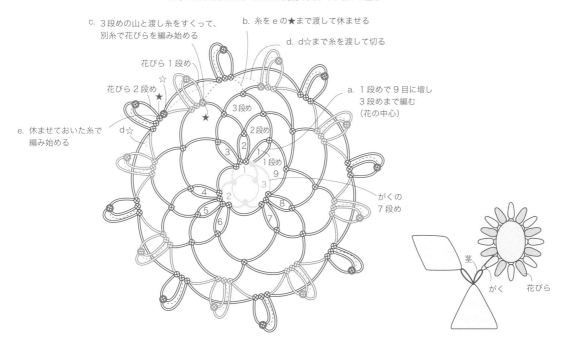

c. 3 段めの山と渡し糸をすくって、
   別糸で花びらを編み始める

b. 糸を e の★まで渡して休ませる

d. d☆まで糸を渡して切る

花びら 1 段め
☆

花びら 2 段め
★

a. 1 段めで 9 目に増し
   3 段めまで編む
   （花の中心）

e. 休ませておいた糸で
   編み始める

d☆

3 段め
2 段め
1 段め

がくの
7 段め

茎

がく

花びら

73

ミズキ（平面）→ P.7

編み方

1. 土台、葉を 2 枚（①葉 A、P.66、写真解説
   P.22 参照）編む。
2. 花びらを3枚編み、最後に花粉を編む（②、
   ③）。

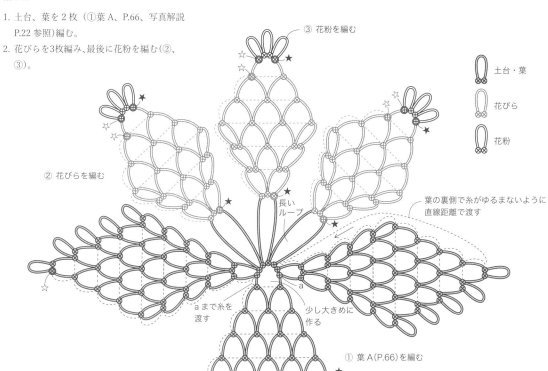

③ 花粉を編む

土台・葉

花びら

花粉

② 花びらを編む

長い
ループ

葉の裏側で糸がゆるまないように
直線距離で渡す

a まで糸を
渡す

少し大きめに
作る

① 葉 A(P.66)を編む

アダリア（立体）→ P.8

編み方

1. 土台、茎、葉を編む（①葉 B、P.67、写真
   解説 P.24 参照)。
2. がくを筒状に編み、続けて花びらを編む
   （②、③花びらは 2 色つかう場合もある）。
3. 2の花、1 の葉とつなぐ（④）。
   ＊花心はつける場合とつけない場合があ
   る。この本の作品では 7 回巻きの花心をつ
   けている。

① 葉 B(P.67)を編む
② 花のがくを編む
a. 指にかける作り目(P.25)でループを 3 目作り、1 目
   めにオヤ結びをして筒状にし、2 段めで 4 目にする
b. 4 目のまま、6 段めまで編む

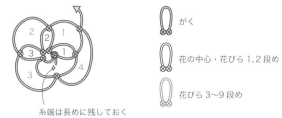

糸端は長めに残しておく

がく

花の中心・花びら 1、2 段め

花びら 3～9 段め

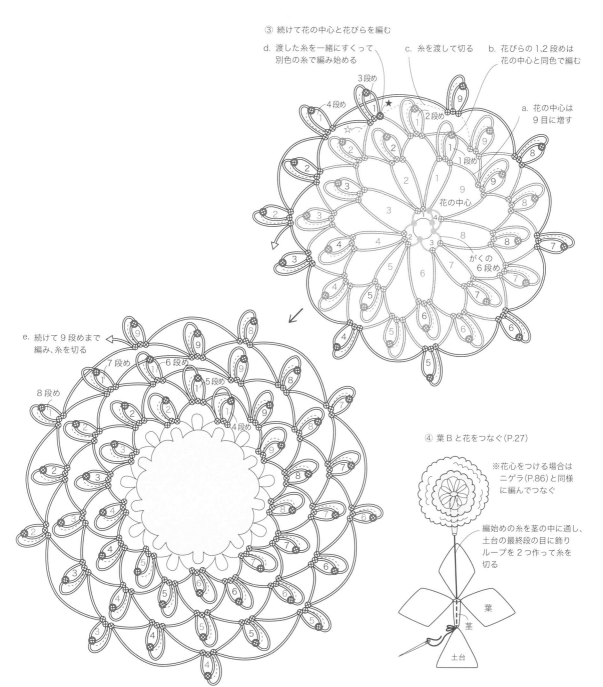

③ 続けて花の中心と花びらを編む

d. 渡した糸を一緒にすくって
別色の糸で編み始める

c. 糸を渡して切る

b. 花びらの1, 2段めは
花の中心と同色で編む

a. 花の中心は
9目に増す

3段め

4段め

2段め

1段め

花の中心

がくの
6段め

e. 続けて9段めまで
編み、糸を切る

7段め　6段め

8段め

5段め

4段め

④ 葉Bと花をつなぐ(P.27)

※花心をつける場合は
ニゲラ(P.86)と同様
に編んでつなぐ

編始めの糸を茎の中に通し、
土台の最終段の目に飾り
ループを2つ作って糸を
切る

葉

茎

土台

パパティア（立体）→ P.8

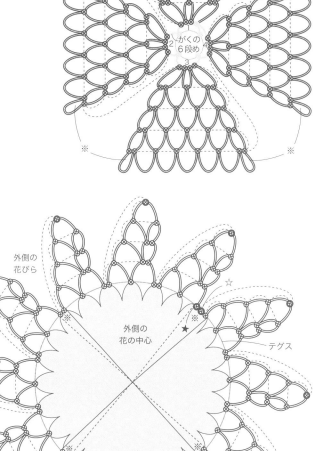

③ 続けて外側の花の中心を編む

編み方

1. 土台、茎、葉を編む（①葉B、P.67、写真解説 P.24参照）。
2. 外側の花のがくを筒状に編み、続けて花の 中心を編み、回りに花びらを編む（②〜④）。
3. 内側の花も同じ要領で編む（⑤〜⑦）。
4. 花心を作り、内側の花、外側の花、葉とつな ぐ（⑧、⑨）。

① 葉 B（P.67）を編む
② 外側の花のがくを編む
　a. 指にかける作り目（P.25）でループを 3 目作り、 1 目めにオヤ結びをして筒状にし、2 段めで 4 目にする
　b. 4 目のまま 6 段めまで編む

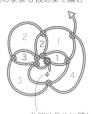

糸端は長めに残しておく

④ 外側の花の中心に花びらを編む 花の中心の最終段両端のループ （※）を重ね、テグスを入れながら 編む

がく・花の中心・花粉

花びら

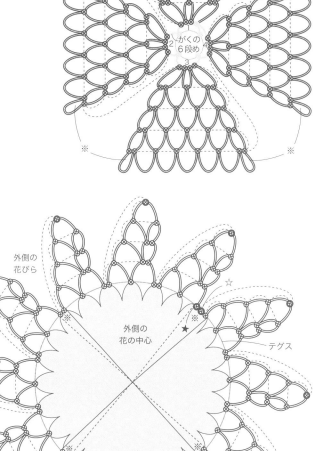

外側の
花びら

外側の
花の中心

テグス

⑤ 内側の花のがくを①と同様に6段編む
⑥ 続けて内側の花の中心を編む

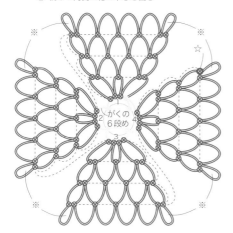

がくの
6段め

⑦ 内側の花の中心に花びらを編む
　花の中心の最終段両端のループ（※）を重ね、テグスを入れながら編む

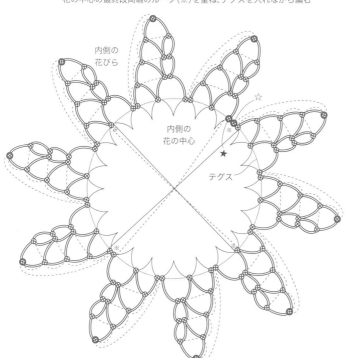

内側の
花びら

内側の
花の中心

テグス

⑧ 花心を作る

b. 花心に花粉を
編みつける

a. 3回巻きの
花心を作る
（P.27）

糸端は長めに
残しておく

⑨ 葉Bと花をつなぐ（P.27）

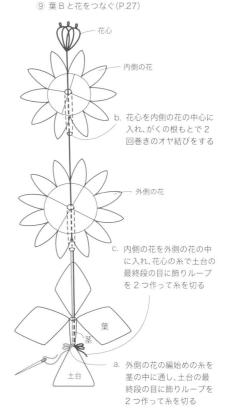

花心

内側の花

b. 花心を内側の花の中心に
入れ、がくの根もとで2
回巻きのオヤ結びをする

外側の花

c. 内側の花を外側の花の中
に入れ、花心の糸で土台の
最終段の目に飾りループ
を2つ作って糸を切る

葉

茎

土台

a. 外側の花の編み始めの糸を
茎の中に通し、土台の最
終段の目に飾りループを
2つ作って糸を切る

カーネーション（立体）→ P.8

編み方

1. 土台、茎、葉を編む(①葉B、P.67、写真解説P.24参照)。
2. 外側の花のがくを筒状に編み、続けて花の中心を編み、縁編みをする(②〜④)。
3. 内側の花のがくを筒状に編み、続けて花の中心と花びらを編む(⑤、⑥)。
4. 花心を作り、3の内側の花、2の外側の花、葉とつなぐ(⑦、⑧)。

① 葉B(P.67)を編む
② 外側の花のがくを編む
a. 指にかける作り目(P.25)でループを3目作り、1目めにオヤ結びをして筒状にし、2段めで4目にする
b. 4目のまま6段めまで編む

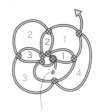

糸端は長めに残しておく

③ 続けて外側の花の中心を編む

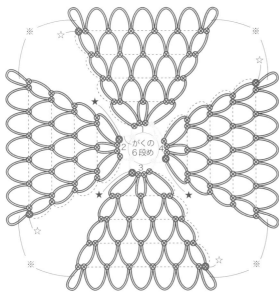

がくの
6段め

④ 外側の花の中心に縁編みをする。
花の中心の最終段両端のループ(※)を重ね、テグスを入れながら編む

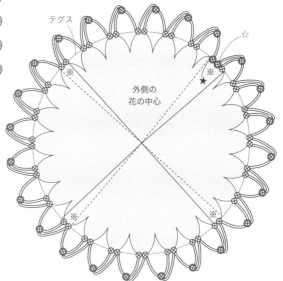

テグス

外側の
花の中心

花の中心

縁編み

⑤ 内側の花のがくを編む
　a. 指にかける作り目(P.25)でループを2目作り、
　　1目めにオヤ結びをして筒状にし、2段めで3
　　目にする
　b. 3目のまま5段めまで編む

 がく

花の中心・花びら2段め

花びら1段め

⑦ 花心を作る

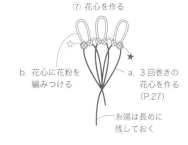

b. 花心に花粉を
　編みつける

a. 3回巻きの
　花心を作る
　(P.27)

糸端は長めに
残しておく

⑥ 続けて花の中心と花びらを編む

d. 花びら2段めは花の中心を編んで休ませて
　おいた糸で編む

b. 花びら1段めは別の色で編む
　（渡し糸もすくう）

c. c☆まで糸を渡して切る

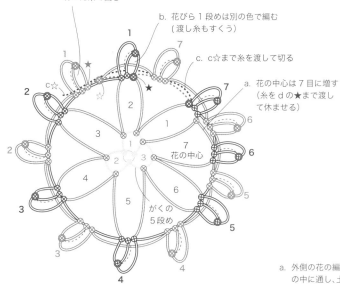

a. 花の中心は7目に増す
　（糸をdの★まで渡し
　て休ませる）

⑧ 葉Bと花をつなぐ(P.27)

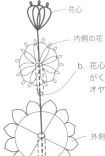

花心

内側の花

b. 花心を内側の花の中心に入れ、
　がくの根もとで2回巻きの
　オヤ結びをする

外側の花

a. 外側の花の編始めの糸を茎
　の中に通し、土台の最終段の
　目に飾りループを2つ作って
　糸を切る

c. 内側の花を外側の花の中に
　入れ、花心の糸で土台の最
　終段の目に飾りループを2
　つ作って糸を切る

葉

茎

土台

梨の花（立体）→ P.8

編み方

1. 土台、茎、葉を編む（①葉B、P.67、写真解説 P.24参照）。
2. がくを筒状に編み、花びらを5枚編む（②、③）。
3. 花びらの回りに縁編みをし、さらに花びら の間に飾りループを編む（④、⑤）。
4. 花心を作り、3の花、1の葉とつなぐ（⑥、⑦）。

① 葉 B（P.67）を編む
② 花のがくを編む
  a. 指にかける作り目（P.25）でループを3目 作り、1目めにオヤ結びをして筒状にし、 2段めで5目にする
  b. 5目のまま6段めまで編む

同じ大きさの目で筒状に編む
（図は糸の通し方が見やすい ようにだんだん大きくしてあります）

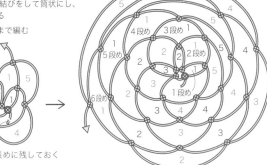

糸端は長めに残しておく

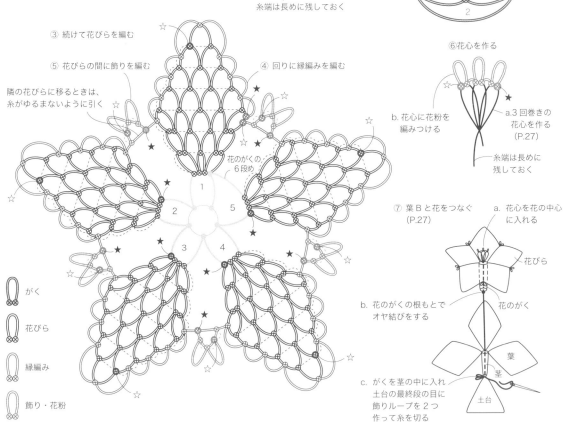

③ 続けて花びらを編む

⑤ 花びらの間に飾りを編む

④ 回りに縁編みを編む

隣の花びらに移るときは、 糸がゆるまないように引く

花のがくの 6段め

1
2 5
3 4

がく
花びら
縁編み
飾り・花粉

⑥花心を作る

b. 花心に花粉を 編みつける

a.3 回巻きの 花心を作る （P.27）

糸端は長めに 残しておく

⑦ 葉 B と花をつなぐ （P.27）

a. 花心を花の中心 に入れる

花びら

b. 花のがくの根もとで オヤ結びをする

花のがく

c. がくを茎の中に入れ 土台の最終段の目に 飾りループを 2 つ 作って糸を切る

葉
茎
土台

ジョシュチュラン（立体）→ P.8

* P.24 ～ 27 の写真解説も参照してください。

編み方

1. 土台、茎、葉を編む（①葉B、P.67参照）。
2. がくを筒状に編み、花びらを5枚編む
   （②、③）。
3. 花びらの回りにテグスを編みくるみながら
   縁編みをし、さらに花びらの間に飾りルー
   プを編む（④、⑤）。
4. 花心を作り、3の花、1の葉とつなぐ
   （⑥、⑦）。

① 葉 B（P.67）を編む
② 花のがくを編む

a. 指にかける作り目（P.25）でループを 3 目
   作り、1 目めにオヤ結びをして筒状にし、2
   段めで 5 目にする

b. 5 目のまま 6 段めまで編む

糸端は長めに残しておく

 がく・飾り

 花びら

 縁編み

③ 続けて花びらを編む

隣の花びらに移るときは糸、テグスがゆ
るまないように引く

⑤ 花びらの間に
  飾りを編む

テグス

④ テグスを編みくるみながら
  回りに縁編みを編む

※部分は反対側の目（矢印）から
針を入れて 2 目一緒にオヤ結び

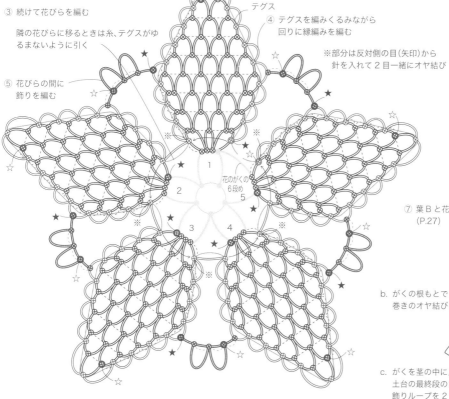

花のがくの
6段め

⑥ 花心を作る

7 回巻きの
花心を作る
（P.27）

糸端は長めに
残しておく

⑦ 葉 B と花をつなぐ
  （P.27）

a. 花心を花の
   中心に入れる

花びら

b. がくの根もとで 2 回
   巻きのオヤ結びをする

花のがく

葉

茎

c. がくを茎の中に入れ
   土台の最終段の目に
   飾りループを 2 つ
   作って糸を切る

土台

スミレ（立体）→ P.8

編み方

1. 土台、茎、葉を編む（①葉B、P.67、写真解説 P.24参照）。
2. がくを筒状に編み、花びらを5枚編む（②、③）。
3. 花びらの回りにテグスを編みくるみながら縁編みをし、花びらに刺繍（ストレート・ステッチ）をする（④、⑤）。
4. 花心を作り、3の花、1の葉とつなぐ（⑥、⑦）。

④ ※部分は前の花びらの目（矢印）にも針を入れて一緒に編む

① 葉B（P.67）を編む
② 花のがくを編む
a. 指にかける作り目（P.25）でループを3目作り、1目めにオヤ結びをして筒状にし、2段めで5目にする
b. 5目のまま6段めまで編む

糸端は長めに残しておく

⑤ 刺繍の刺し方

花びら

裏に渡す

刺繍は花びら3枚を同じ色、他の2枚は別の色で刺す

次の花びらに渡す

花のがくにオヤ結びをしながら花びらの目に通していく

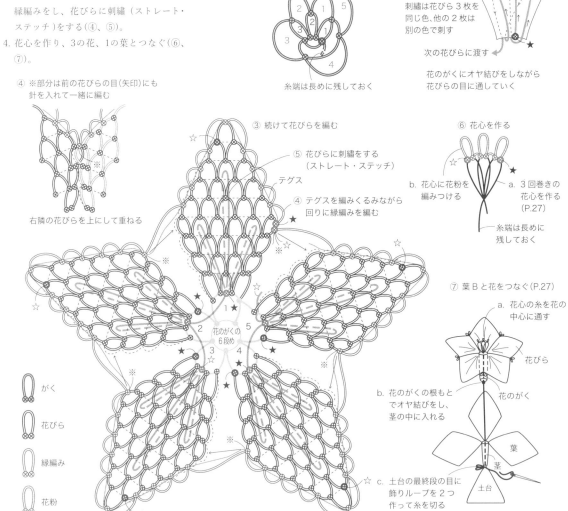

③ 続けて花びらを編む
⑤ 花びらに刺繍をする（ストレート・ステッチ）
テグス
④ テグスを編みくるみながら回りに縁編みを編む

右隣の花びらを上にして重ねる

⑥ 花心を作る
b. 花心に花粉を編みつける
a. 3回巻きの花心を作る（P.27）
糸端は長めに残しておく

花のがくの6段め

⑦ 葉Bと花をつなぐ（P.27）
a. 花心の糸を花の中心に通す
花びら
b. 花のがくの根もとでオヤ結びをし、茎の中に入れる
花のがく
葉
茎
c. 土台の最終段の目に飾りループを2つ作って糸を切る
土台

がく
花びら
縁編み
花粉

バラ（立体）→ P.9

編み方

1. 土台、茎、葉を編む（①葉 B、P.67、写真解説 P.24 参照）。
2. 花を編む。まず、がくを筒状に編み、がくの 6 目の 1 目おきの 3 目に内側の花びらを編み、残りの 3 目に外側の花びらを編む（②〜④）。
3. 外側の花びらにテグスを編みくるみながら縁編みをする（⑤）。
4. 花心を作り、3 の花、1 の葉とつなぐ（⑥、⑦）。

① 葉 B（P.67）を編む
② 花のがくを編む
  a. 指にかける作り目（P.25）でループを 2 目作り、1 目めにオヤ結びをして筒状にし、2 段めで 4 目に、3 段めで 6 目に増す

  b. 6 目のまま 6 段めまで編む

糸端は長めに残しておく

⑦ 葉 B と花をつなぐ（P.27）

  a. 花心を花の中心に入れる
  内側の花びら
  外側の花びら
  がく
  b. 花のがくの根もとで 2 回巻きのオヤ結びをする
  葉
  茎
  土台
  c. がくを茎の中に入れ、土台の最終段の目に飾りループを 2 つ作って糸を切る

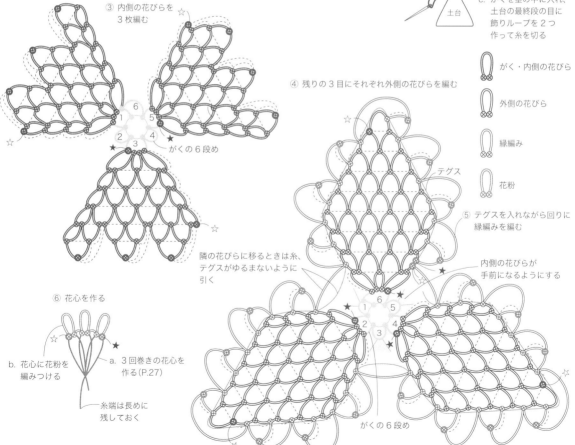

③ 内側の花びらを 3 枚編む

6
1 5
2 4
3
がくの 6 段め

隣の花びらに移るときは糸、テグスがゆるまないように引く

④ 残りの 3 目にそれぞれ外側の花びらを編む

テグス

⑤ テグスを入れながら回りに縁編みを編む

内側の花びらが手前になるようにする

6
1 5
2 4
3

がくの 6 段め

がく・内側の花びら

外側の花びら

縁編み

花粉

⑥ 花心を作る

b. 花心に花粉を編みつける
a. 3 回巻きの花心を作る（P.27）
糸端は長めに残しておく

83

水仙（立体）→ P.9

編み方

1. 土台、茎、葉を編む（①葉 B、P.67、写真
   解説 P.24 参照）。
2. 外側の花のがくを筒状に編み、花びらを5
   枚編み、花びらの回りにテグスを編みくる
   みながら縁編みをする（②〜④）。
3. 内側の花のがくを筒状に編み、花びらを3
   枚編み、花びらの回りにテグスを編みくる
   みながら縁編みをする（⑤〜⑦）。
4. 花心を作り、3 の内側の花、2 の外側の花、
   1 の葉とつなぐ（⑧、⑨）。

① 葉 B（P.67）を編む

② 外側の花のがくを編む

a. 指にかける作り目（P.25）でループを 3 目作り、
   1 目めにオヤ結びをして筒状にし、2 段めで 5
   目にする

b. 5 目のまま 6 段めまで編む

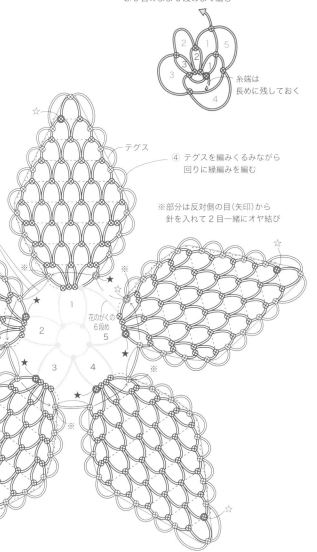

糸端は
長めに残しておく

③ 続けて花びらを編む

テグス

④ テグスを編みくるみながら
   回りに縁編みを編む

隣の花びらに移るときは糸、
テグスがゆるまないように引く

※部分は反対側の目（矢印）から
針を入れて 2 目一緒にオヤ結び

花のがくの
6 段め

外側のがく

花びら

縁編み

花粉

⑤ 内側の花のがくを編む

a. 指にかける作り目(P.25)でループを2目
   作り、1目めにオヤ結びをして筒状にし、2
   段めで3目にする

b. 3目のまま6段め
   まで編む

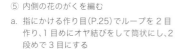

糸端は長めに残しておく

⑧ 花心を作る

b. 花心に花粉を
   編みつける

a. 3回巻きの
   花心を作る
   (P.27)

糸端は長めに
残しておく

⑨ 葉Bと花をつなぐ(P.27)

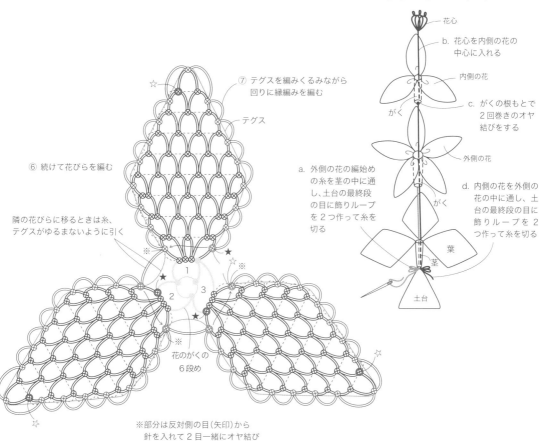

⑦ テグスを編みくるみながら
   回りに縁編みを編む

テグス

⑥ 続けて花びらを編む

隣の花びらに移るときは糸、
テグスがゆるまないように引く

花のがくの
6段め

花心

b. 花心を内側の花の
   中心に入れる

内側の花

がく

c. がくの根もとで
   2回巻きのオヤ
   結びをする

外側の花

a. 外側の花の編始めの糸を茎の中に通し、土台の最終段の目に飾りループを2つ作って糸を切る

がく

d. 内側の花を外側の
   花の中に通し、土
   台の最終段の目に
   飾りループを2
   つ作って糸を切る

葉

茎

土台

※部分は反対側の目(矢印)から
   針を入れて2目一緒にオヤ結び

ニゲラ（立体）→ P.9

編み方

1. 土台、茎、葉を編む（①葉B、P.67、写真解説 P.24 参照）。
2. がくを筒状に編み、花びらを 5 枚編み、花びらの回りにテグスを編みくるみながら縁編みをする（②〜⑤）。
3. 花心を作り、2 の花、1 の葉とつなぐ（⑥、⑦）。

① 葉B(P.67)を編む

② 花のがくを編む

a. 指にかける作り目(P.25)でループを 3 目作り、1 目めにオヤ結びをして筒状にし、2 段めで 5 目にする

b. 5 目のまま 6 段めまで編む

糸端は長めに残しておく

⑥ 花心を作る(P.27)

7 回巻きの花心を作る(P.27)

糸端は長めに残しておく

○ がく・花びら(下半分)・縁編み

○ 花びら(上半分)

③ 続けて花を編む

隣の花びらに移るときは、糸とテグスがゆるまないように引く

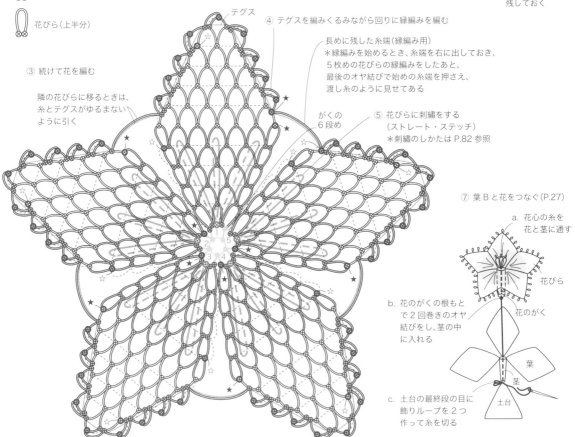

テグス

④ テグスを編みくるみながら回りに縁編みを編む

長めに残した糸端(縁編み用)
＊縁編みを始めるとき、糸端を右に出しておき、5 枚めの花びらの縁編みをしたあと、最後のオヤ結びで始めの糸端を押さえ、渡し糸のように見せてある

がくの 6 段め

⑤ 花びらに刺繍をする（ストレート・ステッチ）
＊刺繍のしかたは P.82 参照

⑦ 葉Bと花をつなぐ(P.27)

a. 花心の糸を花と茎に通す

花びら

花のがく

b. 花のがくの根もとで 2 回巻きのオヤ結びをし、茎の中に入れる

葉

茎

土台

c. 土台の最終段の目に飾りループを 2 つ作って糸を切る

キルピクリアダリア（立体）→ P.9

編み方

1. 土台、茎、葉を編む（①葉B、P.67、写真解説 P.24 参照）。

2. がくを筒状に編み、がくの 1 ～ 5 の目に内側の花びらを編む（②、③）。

3. 別の色でがくの 6 の目と 2 の渡し糸の目に外側の花びらを 5 枚編む（④）。

4. 3 の花を 1 の葉とつなぐ（⑤）。

① 葉 B（P.67）を編む

② 花のがくを編む

a. 指にかける作り目（P.25）でループを 2 目作り、1 目めにオヤ結びをして筒状にし、2 段めで 4 目に、3 段めで 6 目に増す

b. 6 目のまま 6 段めまで編む

糸端は長めに残しておく

がく

花びら（内側）

花びら（外側）

③ 別の色の糸で①のがくの 1～5 の目に内側の花びらを 5 枚編む

糸端は切らずに、外側の花びらを編むときに一緒に巻き込む

がくの 6 段め

④ 別の色の糸で①のがくの 6 の目と②で編んだ花びらの間の渡した糸に外側の花びらを 5 枚編む

②で編んだ内側の花びらが手前になるようにする

がくの 6 段め

⑤ 葉 B と花をつなぐ（P.27）

内側の花びら

外側の花びら

がく

がくを茎の中に入れ、がくの糸端で土台の最終段の目に飾りループを 2 つ作って糸を切る

葉

茎

土台

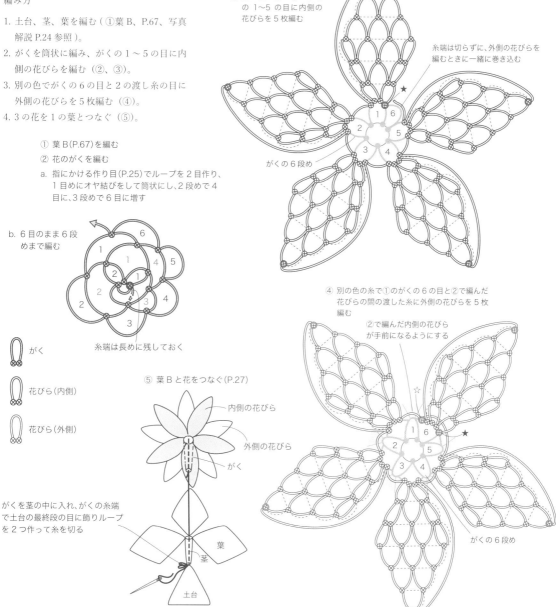

すいかの花（立体）→ P.9

編み方

1. 土台、茎、葉を編む（①葉 A、P.66、写真解説 P.22 参照）。葉は左のループにつける。

2. 茎にがくを 2 段編み、続けて花びらを 3 枚編む（②、③）。

3. 花びらの回りにテグスを編みくるみながら縁編みをする（④）。

4. 花びらを折り、花心を編みながらまとめ、花粉を編む（⑤）。

⑤ 花びらの中央で山折りし、※部分に針を入れて縁編みの糸とテグスに 2 回巻きのオヤ結びをし、花心を編みつける。花粉を編む

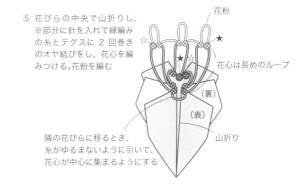

花粉

花心は長めのループ

（裏）

（表）

山折り

隣の花びらに移るとき、糸がゆるまないように引いて、花心が中心に集まるようにする

③ ②の 3 目にそれぞれ花びらを編む

がく・花びら

縁編み

花心

花粉

※

中央

① 葉 A（P.66）を編む

② がくを 2 段編む

a. 茎に 2 目編んで 1 目めにオヤ結びをして筒状にし、次の段で 3 目にする

1 1
2 2 1 3
★

茎

④ テグスを編みくるみながら回りに縁編みを編む

テグス

隣の花びらに移るとき、糸とテグスがゆるまないように引く

★ ☆
1
2
3
★

※ 中央

中央

がくの 2 段め

葉 茎
花びら
がく

土台

ヒヤシンス（立体）→ P.9

編み方

1. 土台、茎、葉を編む（①葉B、P.67、写真
   解説 P.24 参照）。
2. 花の土台を筒状に編み、土台の1目にがく
   を1つずつ編み、がくに花びらを5枚編む
   （②〜⑤）。
3. 2の花と1の葉をつなぐ（⑥）。

① 葉B(P.67)を編む

② 花の土台を編む

a. 指にかける作り目(P.25)でループを2目作り、
   1目めにオヤ結びをして筒状にし、2段めで3
   目にする

b. 3目のまま6段め
   まで編む

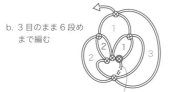

糸端は長めに残しておく

③ 花のがくを編む

a. 土台の1目にループを2目編みつけ
   て1目めにオヤ結びをし、筒状にする

b. 2段めで図のように4目に増し、
   6段めまで編む

土台の6段め

④ 花びらを編む

7段めでがくの4目を図のように1目増して
5目にし、それぞれの目に花びらを編む

がくの6段め

☆

土台

がく

花びら

⑤ 土台の6段めの残りの2目(③-a)にそれぞれ
   糸をつけ、③、④の要領で花を編む。

⑥ 葉Bと花をつなぐ(P.27)

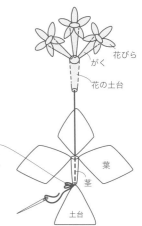

花びら

がく

花の土台

花の土台を茎の中に入れ、
花の土台の糸端で茎の土台
の最終段の目に飾りループ
を2つ作って糸を切る

葉

茎

土台

唐辛子（立体）→ P.9

編み方

1. 土台(写真解説P.22参照)を編み、長めの
   ループを4つ編み、左側に葉を編む（①）。
2. 中央2つのループにへた、実、と色を変え
   ながら続けて編み、外表に半分に折って回
   りを縁編みでつなぐ（②〜④）。
3. 右側には花を編む（⑤、⑥）。

⑥ 花びらを編む
　がくの4目を7段めで図のように5目に増し、
　それぞれに花びらを編む

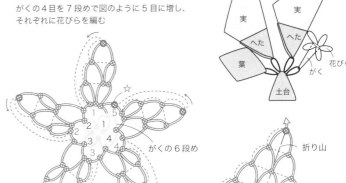

実
実
へた
へた
葉
花びら
がく
土台

がくの6段め

④ 実とへたを外表に折って重ね、
　続けて、縁編みを編む

⑤ 花のがくを編む
a. 土台のループに2目編んで、1目めにオヤ結びを
　して筒状にし、次の段で4目にする
b. 4目のまま、6段めまで編む

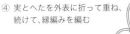

折り山

③ 実を編む

へた作り始め
（②〜④を繰り返す）

少し長めに作る

b

a

② ①のループにオヤ結びを
してへたを編む

花のがく作り始め
（⑤・⑥参照）

bまで糸を渡す

aまで糸を渡す

① 葉を編む

土台・葉

へた

がく・花びら・実

平面モチーフのコサージュ → P.5

レースのリボンの上にいろいろな平面モチーフをとめつけた華やかなコサージュ。トップは作品では梨の花を
平面に編んだものをつけていますが、立体モチーフの好きな花をつけても。

材料

平面の花モチーフ 6 ～ 8 種類、トップにとめ
つける平面または立体の花モチーフ
幅 4cm のレースリボン 30cm、幅 0.6cm の綿
テープ 30cm (ベース用)、レースリボン、ブ
レードなど適宜 (下の飾り用)
ブローチピン 1 個

作り方

1. コサージュの土台を作る。ベース用のレー
   スリボンを二つ折りにして端を縫い合わせ
   る。
2. 1 のレースの穴に、ひも通しで綿テープを
   通す。
3. 通した綿テープを引き絞る。
4. 平面の花モチーフをバランスを見ながら別
   糸でとめつける。最後にトップのモチーフ
   をとめつける。
5. コサージュの裏側に飾り用のレースリボ
   ン、ブレードなどをバランスを見て縫いつ
   け、最後にブローチピンを縫いつける。

① コサージュの土台を作る。
　ベース用のレースリボンを半分に折って
　端を縫い合わせる

30

レースリボン

4

縫う

② ①のレースの穴に、ひも通しで綿テープを通す

綿テープ

[裏側]

③ 通した綿テープを
　両側から引っ張って絞る

④ 平面の花モチーフをバランスを見ながら
　別糸でとめつける

最後にトップの
モチーフを
とめつける

⑤ コサージュの裏側に飾り用のレースリボン、
　ブレードなどをバランスを見て縫いつけ、
　最後にブローチピンを縫いつける

[裏側]

ブローチピン

17

レースリボン、
ブレード

フラワーネックレス→ P.10

9種類の花のモチーフを作って、レースリボンにとめつけたカラフルなネックレス。
花の種類や色はお好みで。ヘアリボンにしたり、バッグにとめつけたり、いろいろな使い方ができます。

材料

○ 糸 カナガワ　イーネオヤ糸
好みの色の糸
○その他
レースリボン、チェーン適宜、T ピン、丸小
ビーズ、丸かん (モチーフの数)

作り方

＊糸はすべて 1 本どり。
1. 好きな花モチーフを好きな色で作る。
　　＊作品では水仙 (P.84)、スミレ (P.82)、バ
　　ラ (P.83)、アダリア (P.74)、カーネーショ
　　ン (P.78)、ジョシュチュラン (P.24、81)
　　を各 2 個、パパティア (P.76)、梨の花 (P.80)
　　を各 1 個、キルピクリアダリア (P.87) を
　　3 個の計 17 個のモチーフを作って、つけ
　　ている。
2. 各モチーフの土台を茎側に折り、ビーズを
　　通した T ピンを土台と茎に通し、T ピン
　　の先を曲げて丸かんをつけ、レースリボン
　　に通したチェーンにつける。
　　＊レースリボンとチェーンの長さ、モチー
　　フの間隔などはバランスを見ながら決める。

モチーフのとめつけ方

丸かん
チェーン
レースリボン
ジョシュチュラン
スミレ
カーネーション
水仙
水仙
キルピクリアダリア
キルピクリアダリア
バラ
アダリア
アダリア
水仙
カーネーション
スミレ
ジョシュチュラン
バラ
キルピクリアダリア
梨の花
パパティア

② T ピンの先を曲げ、
　　丸かんとつなぐ
丸かん
ビーズ
T ピン
モチーフ
① 土台を茎側に折り、ビーズを通し
　　土台と茎に通す

アダリアのイアリング＆ピアス→ P.13

早春を思わせるアダリア（たんぽぽ）のイアリングとピアス。
黄色、白、ストライプ、片耳ずつ違った色をつけてもかわいい。

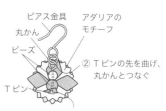

ピアス金具　アダリアの
丸かん　　　モチーフ
ビーズ
Ｔピン

材料

○ 糸 カナガワ　イーネオヤ糸
黄色 (21)、白 (1)、ローズピンク (12)、グリーン (7)
○その他
ピアスまたはイアリング金具 1 組み、Ｔピン 2 個、丸かん 2 個、丸小ビーズ 4 個
＊ピアス金具はフックタイプやキャッチタイプ、イアリングはネジバネタイプの金具など、好みのものを選んで。

作り方　＊糸はすべて 1 本どり。

1. アダリアのモチーフ (P.74) を作る (2 個)。
2. モチーフの土台を茎側に折り、ビーズを通したＴピンを土台と茎に通し、Ｔピンの先を曲げて、ピアスまたはイアリング金具とつなぐ。

② Ｔピンの先を曲げ、丸かんとつなぐ

① 土台を茎側に折り、ビーズを通したＴピンを土台と茎に通す

モチーフの配色

アダリア(a 黄色、b ストライプ、c 白)

土台、茎、葉	グリーン
がく、花の中心 花びら 1、2 段め	a ローズピンク、b 黄色、c 黄色
花びら 3 〜 8 段め	a 黄色、b 黄色・白、c 白
花心	黄色

[出来上り図]

2.5

ジムジメのバレッタ→ P.13

丸い小さな花びらが可憐なジムジメのモチーフをバレッタ金具にとめつけています。
モチーフをたくさん作ってカチューシャにとめつけても。

材料

○ 糸 カナガワ　イーネオヤ糸
濃オレンジ (18)、水色 (24)、黄色 (21)、赤 (10)、ピンク (13)、パープル (16)、えんじ (8)、白 (1)、モスグリーン (5)
○その他
幅 1cm のレースリボン 7cm、長さ 7cm のバレッタ金具 1 個

作り方

＊糸はすべて 1 本どり。
1. ジムジメのモチーフ (P.73) を 7 個作る。
2. レースリボンに 1 のモチーフを交互に縫いつけ、バレッタ金具にグルーガン (またはボンド) でとめつける。

幅 1cm のレースリボン

7

① ジムジメのモチーフをレースリボンに縫いつける

② バレッタ金具にモチーフをつけたレースをグルーガンなどではる

[裏側]

バレッタ金具

モチーフの配色

ジムジメ (a 〜 g)

土台、茎、葉	モスグリーン
がく、花の中心 花びら 2 段め	a 濃オレンジ、b 水色、c 黄色、d 赤、e ピンク、 f パープル、g えんじ
花びら 1 段め	白

三角モチーフと小花モチーフのサッシュ→P.12

レースのブレードに大小の三角モチーフを編みつけ、幅広のプリーツリボンにとめつけたサッシュ。
アクセントに小花のモチーフをつけています。

材料

○ 糸 COSMO　アブローダー（25番）白
（1002）
DMC　Diamant ライトシルバー（D168）
○その他
幅 0.8cm のレースリボン 200cm、幅 5cm の
リボン（プリーツタイプ）65cm
＊レースリボン、リボンは好みの色、デザ
インのものを選び、長さもバランスを見て
決める。

作り方

＊糸はすべて 1 本どり。
1. レースリボンに図を参照してアブローダー
　 で三角モチーフ大、小を交互に編みつけ、
　 好みの長さに仕上げる。
　 ＊三角モチーフは基本の三角モチーフとは
　 違い、ループを作りながら、斜めに上り下
　 りしながら作っていく特別な編み方なので
　 図をよく参照して作る。
2. 三角モチーフ大に、ゴールドラメ糸で小花
　 のモチーフ 3 個ずつ編みつける。
3. モチーフを編みつけたレースリボンをプ
　 リーツリボンに縫いつける。

小花の作り方

指にかける作り目(P.25)
で編み始め、ループを 8 目作る

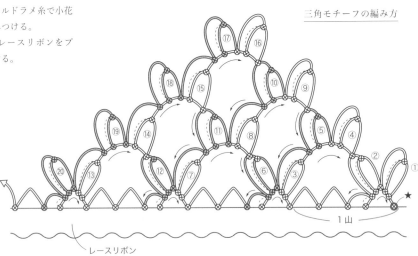

モチーフの配色

ベース	白
小花	シルバーラメ糸

三角モチーフの編み方

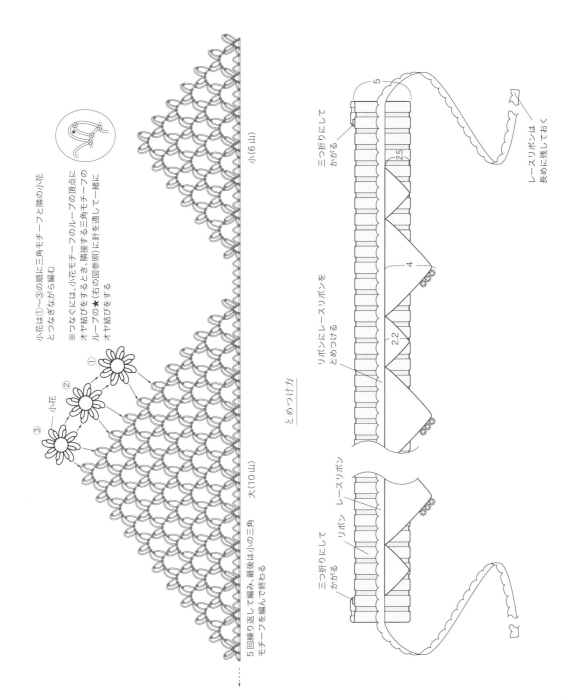

小花は①～③の順に三角モチーフと隣の小花を
つなぎながら編む

※つなぐには、小花モチーフのループの頂点に
オヤ結びをするとき、隣接する三角モチーフの
ループの★（右の図参照）に針を通して一緒に
オヤ結びをする

小(6 山)

5回繰り返して編み、最後は小の三角
モチーフを編んで終わる

大(10 山)

① ② ③ 小花

とめつけ方

三つ折りにして
かがる

リボンにレースリボンを
とめつける

レースリボンは
長めに残しておく

2.5

4

2.2

5

三つ折りにして
かがる

リボン レースリボン

キルピクリアダリアのチョーカー→ P.14

絹穴糸で編んだえんじの花を中心にまとめてとめつけた秋色のチョーカー。
モチーフはキルピクリアダリア、ベースはベージュの絹穴糸で編んだものです。

材料

○糸 絹穴糸
モスグリーン、えんじ、白、ベージュ
○その他
丸かん2個、引き輪、アジャスターチェーン

作り方

＊糸はすべて1本どり。

1. キルピクリアダリアのモチーフ (P.87) を
   3個作る。
2. ベースを編む。ベージュの糸を使用し、指
   にかける作り目から編み始め、図を参照し
   て仕上げる。増し目をしたあとは、裏に返
   して編み、1段編んだら、表に返して編む、
   これを繰り返す(この編み方のときは渡し
   糸はなし)。指定のサイズに編んだら、減
   し目をする。ここからは再び、すべて表か
   ら編む(渡し糸あり)。
3. 図を参照してベースに縁編みをする。縁編
   みは目数によってきりよく終わらない場合
   があるが、その場合は終りの糸の位置を調
   節する。
4. ベースに1のモチーフを縫いつける。
   ＊モチーフの土台を茎側に折り、高さが出
   ないように整えて、しっかり別糸でとめつ
   ける。
5. ベースの両端に丸かん、片端に引き輪、も
   う一方にはアジャスターチェーンをつける。

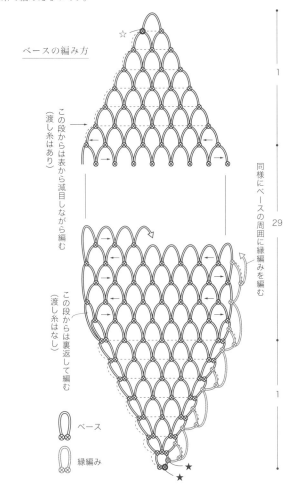

ベースの編み方

この段からは表から減目しながら編む
(渡し糸はあり)

この段からは裏返して編む
(渡し糸はなし)

同様にベースの周囲に縁編みを編む

1

29

1

ベース

縁編み

☆

★
★

モチーフの配色

キルピクリアダリア

土台、茎、葉、がく	モスグリーン
内側の花びら	えんじ
外側の花びら	白

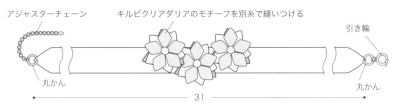

アジャスターチェーン

キルピクリアダリアのモチーフを別糸で縫いつける

引き輪

丸かん

丸かん

31

唐辛子のブレスレット → P.14

黒いベースに赤い唐辛子、白い花が映える、個性的なブレスレット。
モチーフは絹手縫い糸で繊細に仕上げ、ベースは絹穴糸で編み、黒いスパングルをあしらっています。

材料

○糸 絹穴糸 黒
絹手縫い糸 白、赤2色、黒
○その他
直径0.3cmのスパングル（黒、平丸）適宜、
丸かん2個、引き輪、アジャスターチェーン

作り方

＊糸はすべて1本どり。

1. 黒の絹穴糸でベースを編む。縁編みのとき
   にスパングルを通しながら編む。
2. 1のベースの指定の位置に、絹手縫い糸で
   唐辛子のモチーフ（P.90）を編みつける。
3. ベースの両端に丸かん、片端に引き輪、
   もう一方にはアジャスターチェーンをつ
   ける。

モチーフの配色

唐辛子

土台、茎、葉、唐辛子のへた	黒
がく、花びら	白
唐辛子の実	赤（2色）

ベースの編み方

スパングル

同様にベースの周囲に縁編みを編む

この段からは表から減目しながら編む（渡し糸はあり）

唐辛子のモチーフを編みつける

この段は裏返して編む（渡し糸はなし）

ベース

縁編み

0.5

14.5

0.5

15.5

引き輪

スパングル

3　3

アジャスターチェーン

丸かん

丸かん

唐辛子のモチーフ

7.5

97

第2章　トゥーオヤ

How to Make

■ 糸の分量と色

この本のアクセサリーに使用する糸は少量ですので、特に分量を記載していません。色名の後の ( ) 内は色番号です。
＊ P.39 のブラックベリーのベルトに関しては糸の分量が 1 玉以上必要ですので、途中で新しい糸に替える必要が
あります。

■ 作品のサイズ

ネックレスやチョーカー、ブレスレットの長さなどは、自分に合うサイズに調節して作ってください。作り方によっ
て仕上りの寸法は異なりますので、図中の寸法表記もあくまでも目安と考えてください。

■ 編始めと編終り

編始めはかぎ針に糸をかけて作り目をします (P.116 参照)。編終りは鎖 1 目を編んでから糸を切ります。

■ 編み方

トゥーオヤでは糸が細いので基本的には目の中にかぎ針を入れずに、束にすくって (前段の鎖編み全体を拾って)
編んでいきます。最初の作り目の長い鎖編みにモチーフを編みつけていく場合などは鎖の目を割って編みます。

■ ボンジュクトゥーオヤのビーズ

ボンジュクトゥーオヤのビーズはすべて編む前に正確な数を、編むとは逆の順番に糸に通しておきます。

■ 糸始末

トゥーオヤ糸の糸端の処理は、編み終わってから糸端を短く切り、ライターの炎をさっと近づけて溶かし、燃えな
いように指先でつまみます (トゥーオヤ糸以外の場合は溶かせないので注意。その場合はほつれ止め液をつけてか
ら 2mm ほど残して糸を切る)。

※基本の編み方は P.116 をご覧ください。

カモミールの縁飾りのハンカチ→P.30、41

ハンカチにレースリボンを縫いとめてから
丸い小さなカモミールの花のモチーフを編みつけます。

材料

○糸 カナガワ トゥーオヤ糸
白（1）、オリーブグリーン（4）、オレン
ジ色（28）、ピンク（12）
○針
レース針12号
○その他
30cm四方のハンカチ、レースリボン

編み方

＊糸はすべて1本どり。
ハンカチにレースリボンを縫いつけ、オ
リーブグリーンの糸で1段めを編みつけ
る。細編みの間隔は約7～8mm、七宝編
みの長さは約5mmを目安とする。4山で
一模様なので4辺で4の倍数山になるよう
に調整して編みつける。2段めは白で、3
段めは花びら部分をオレンジ色、ピンクで
交互に編みつける。
＊糸始末はP.98参照。

カモミールのモチーフの編み方 （P.41参照）

★＝編始め
☆＝編終り

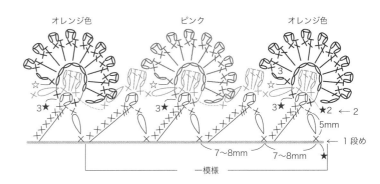

角の編み方と編終り

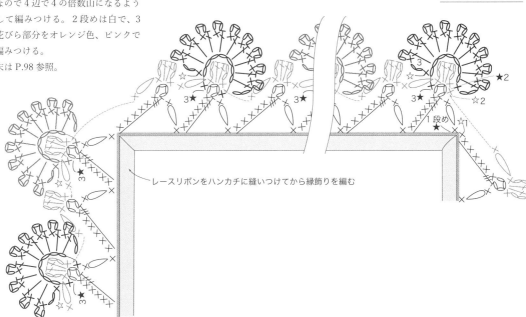

レースリボンをハンカチに縫いつけてから縁飾りを編む

カーネーションの縁飾りのハンカチ→P.30

外側のフリルのような花びらがかわいいモチーフ。
カモミールの縁飾りのハンカチと同様に仕上げます。

材料

○糸　カナガワ トゥーオヤ糸
白（1）、モスグリーン（5）、橙色（19）、
濃いピンク（13）
○針
レース針12号
○その他
30cm四方のハンカチ、レースリボン

編み方

＊糸はすべて1本どり。
ハンカチにレースリボンを縫いつけ、モス
グリーンの糸で1段めを編みつける。細編
みの間隔は約7～8mm、七宝編みの長さ
は約5mmを目安とする。4山で一模様な
ので4辺で4の倍数山になるように調整し
て編みつける。2段めは濃いピンク、橙色
で1山おきに編む。3段めは白で花びら部
分を編む。
＊糸始末はP.98参照。

カーネーションのモチーフの編み方

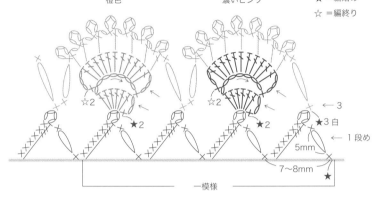

★＝編始め
☆＝編終り

角の編み方と編終り

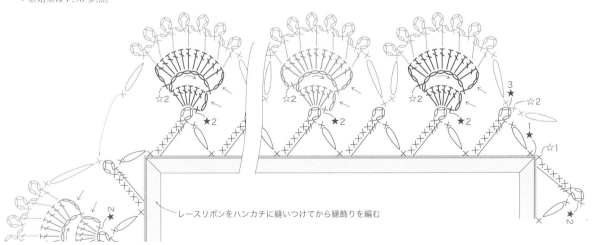

レースリボンをハンカチに縫いつけてから縁飾りを編む

マーガレットのネックレス→P.31

白い花びらに黒い花心、黒い花びらに白い花心、2種類を組み合わせています。
花びらに動きが出るように、土台は高低差をつけて編んでいます。

材料

○糸　カナガワ トゥーオヤ糸
白 (1)、黒 (2)
○針
レース針 12 号
○その他
引き輪、アジャスターチェーン、
丸かん 2 個

編み方

＊糸はすべて 1 本どり。
黒で鎖 5 目の輪を作ってから鎖 535 目を
編み、編終りに鎖 5 目の輪を作る。図を参
照して細編みと鎖 4 目のピコットとモチー
フつけ位置となる鎖目と鎖 5 目のピコット
の土台を編む。マーガレットの花モチーフ
を鎖 5 目のピコットに編み入れる。
＊糸始末は P.98 参照。

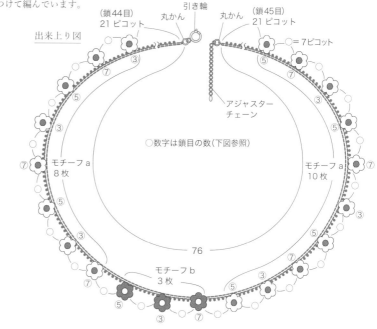

出来上り図

（鎖44目）21 ピコット　丸かん　引き輪　丸かん　（鎖45目）21 ピコット
＝7ピコット
アジャスターチェーン
○数字は鎖目の数（下図参照）
モチーフ a 8 枚
モチーフ a 10 枚
76
モチーフ b 3 枚

マーガレットモチーフの編み方

マーガレットの配色

	1 段め	2 段め	
a	黒	白	18 枚
b	白	黒	3 枚

＊モチーフ編みつけ位置の配置は、
出来上り図を参照

土台の編み方
黒

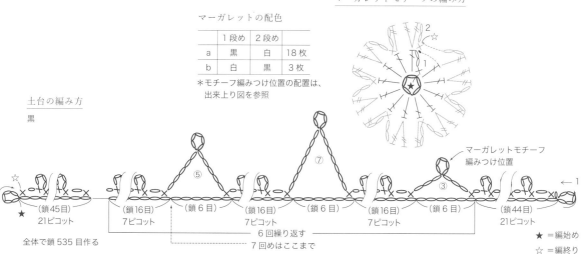

★
（鎖45目）21 ピコット
全体で鎖 535 目作る

（鎖16目）7ピコット　⑤　（鎖6目）　（鎖16目）7ピコット　⑦　（鎖6目）　（鎖16目）7ピコット　⑤　（鎖6目）　（鎖44目）21 ピコット

マーガレットモチーフ編みつけ位置
←1

6 回繰り返す
7 回めはここまで

★＝編始め
☆＝編終り

101

スクエアフラワーのペンダント → P.32

幾何学的な四角い花のモチーフを5つつなげて編み、
革ひもに丸かんでとめつけています。モチーフ1個でピアスにしても。

材料

○糸　カナガワ トゥーオヤ糸
濃黄（27）、ラベンダー（32）、ベージュ（25）
赤（11）、こげ茶（8）
○針
レース針12号
○その他
アジャスター金具つきのレザーネックレ
ス、丸かん1個

編み方

＊糸はすべて1本どり。
鎖7目の輪を作ってから図を参照して1枚
めのモチーフを編む。2枚めからは最終段
でつなぎながら図の形に仕上げる。
＊糸始末はP.98参照。

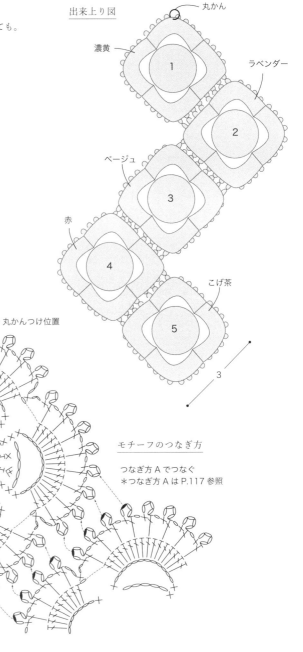

出来上り図

丸かん

濃黄

ラベンダー

ベージュ

赤

こげ茶

3

丸かんつけ位置

モチーフの編み方

6　5　4　3　2

7目

★＝編始め
☆＝編終り

モチーフのつなぎ方

つなぎ方Aでつなぐ
＊つなぎ方AはP.117参照

エフェオヤモチーフのペンダント → P.32

エフェオヤはトルコの男性が身につけるスカーフや帽子につけられる伝統的な縁飾り。
カラフルで個性的なモチーフはペンダントにぴったり。

材料

○糸　カナガワ トゥーオヤ糸
橙色 (19)、紫 (31)、オリーブグリーン (4)、
淡ピンク (14)、こげ茶 (8)、濃黄 (27)、
ブルー (22)、ベージュ (25)、赤 (11)
○針
レース針12号
○その他
アジャスター金具つきのレザーネックレ
ス、丸かん1個

編み方

*糸はすべて1本どり。
橙色で鎖12目の輪を作ってから図を参照
して1段めの長編みを編む。その後は1段
ごとに色を変えて編む。
*糸始末は P.98 参照。

モチーフの配色

	色
1 段め	橙色
2 段め	紫
3 段め	オリーブグリーン
4 段め	淡ピンク
5 段め	こげ茶
6 段め	濃黄
7 段め	ブルー
8 段め	ベージュ
9、10段め	赤

モチーフの編み方

★ ＝編始め
☆ ＝編終り

出来上り図

レザーネックレス

丸かん

5.2

8

丸かん
つけ位置

ばらのコーム、ばらのピアス→P.33

アイボリーの刺繍糸とゴールドのラメ糸で編んだクラシックなばらのモチーフと
レースを組み合わせたコーム。ピアスは耳たぶにつくタイプです。

材料

○糸　DMC　アブローダー
16番　ECRU、25番　ECRU
DMC　Diamant ライトゴールド（D3821）
○針
レース針8号、10号、12号
○その他
幅9cmのコーム、リボン各種、
シャワー台つきピアス金具1組み

編み方

＊糸はすべて1本どり。
花心から編み始める。その後、花びら下側、
上側の①〜④を表組みを参照して組み合わ
せて編む。花びら下側は、花心最終段の鎖
5目に編み入れ、1枚ずつ編んでいく。最
終段のみすべての花びらをつないで編む。
花びら上側は花びら下側の1段めの中央の
長編みに細編みを編み入れ、1枚ずつ編ん
でいく。最終段のみすべての花びらをつな
いで編む。
花びら上側④のみ花びら1枚ずつ編み進
め、5枚編んだら糸を切る。
＊糸始末は、ほつれ止め液をつけ2mm残
して切る。

コームのばらモチーフの糸と針、花びらの組合せ

	糸	針	花心の糸	組合せ
A	アブローダー16番	レース針8号	アブローダー16番	①＋③＋④
B	アブローダー25番	レース針10号	D3821	①＋③
C	D3821	レース針12号	D3821	①＋③

ピアスのばらモチーフ糸と針、花びらの組合せ

糸	針	組合せ
D3821	レース針12号	②＋④

＊ピアスはすべてD3821で編む

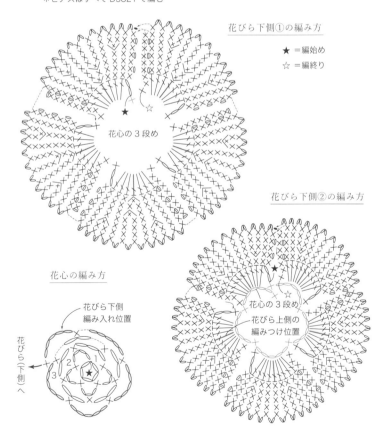

花びら下側①の編み方

★＝編始め
☆＝編終り

花心の3段め

花びら下側②の編み方

花心の3段め
花びら上側②の
編みつけ位置

花心の編み方

花びら下側
編み入れ位置

花びら（下側）へ

花びら上側③の編み方

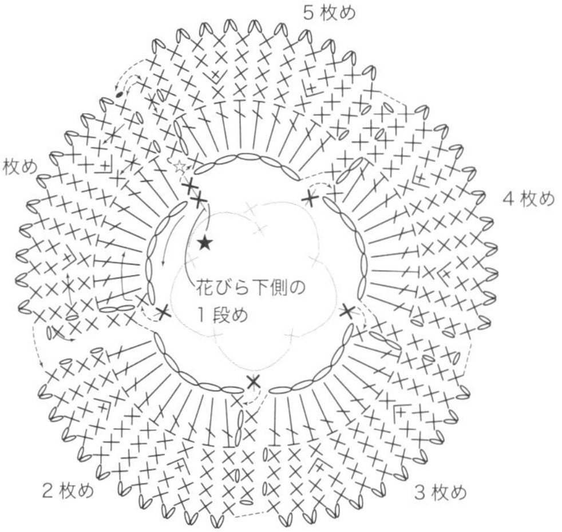

5枚め

1枚め

4枚め

花びら下側の
1段め

2枚め

3枚め

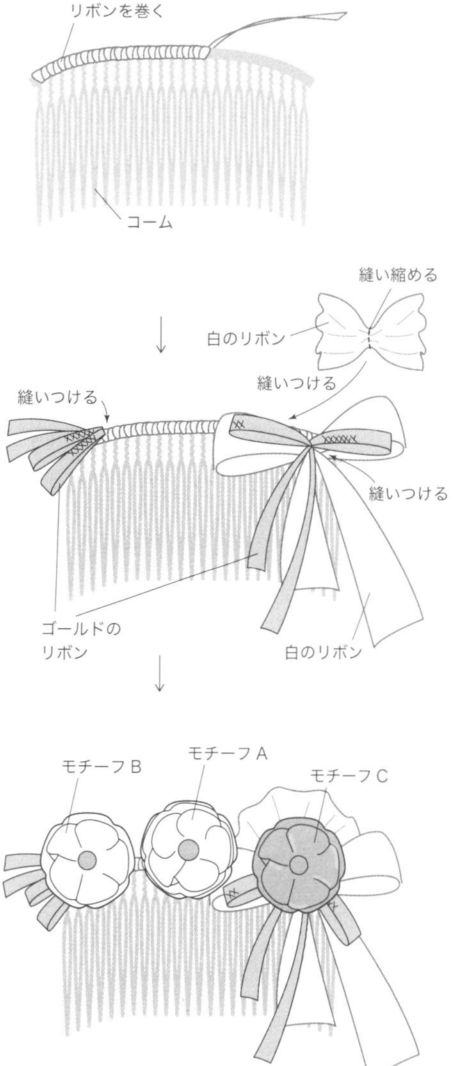

花びら上側④の編み方

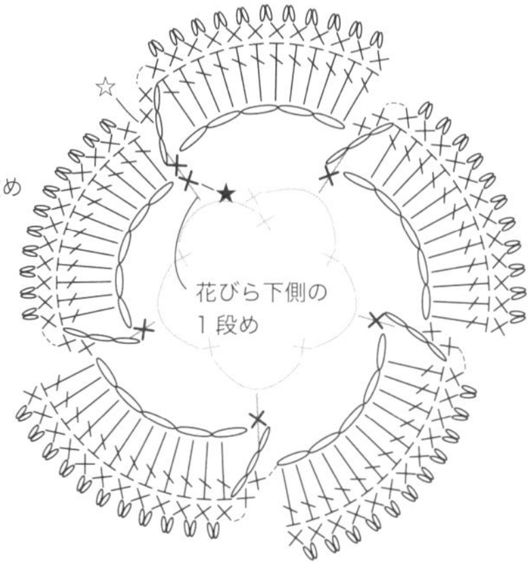

1枚め

花びら下側の
1段め

ピアスの出来上り図

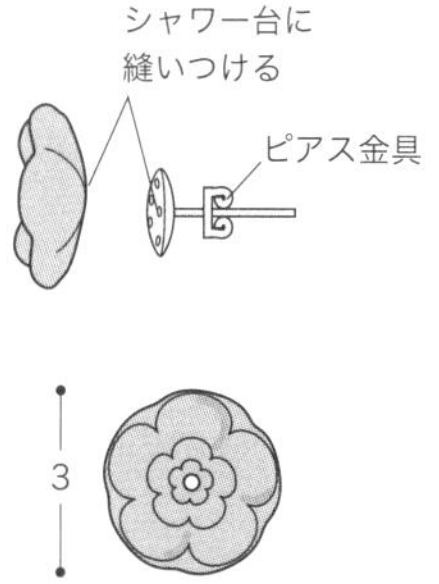

シャワー台に
縫いつける

ピアス金具

3

ばらモチーフ A の花心の飾り

ゴールド

花心の2段め

コームのまとめ方と出来上り図

リボンを巻く

コーム

縫い縮める

白のリボン

縫いつける

縫いつける

縫いつける

ゴールドの
リボン

縫いつける

白のリボン

モチーフ B   モチーフ A   モチーフ C

105

小さな実のネックレス→ P.34

スパングルとビーズを通して簡単に編めるネックレスは長めに編んで
ぐるぐる巻きつけるデザイン。縁飾りにしてもかわいい。

材料

○糸　DMC　Diamant ライトシルバー
（D168）
○針　レース針 12 号
○その他　丸小ビーズ、スパングル

編み方

＊糸は 1 本どり、実 1 個につきビーズ 2 個、
スパングル 1 枚、ビーズ 2 個を作りたい
数分通す。
鎖 11 目を編み、ビーズ 2 個、スパングル
1 枚、ビーズ 2 個とそれぞれ引き抜く。図
のように繰り返す。
＊糸始末は、ほつれ止め液をつけ 2mm 残
して切る。

［ビーズの通し方］

編み方

★＝編始め
☆＝編終り

小花の連続模様→ P.35

ビーズ 4 個の小さな花をつなげた連続模様は、ブレスレットやネックレスに。
1 色のビーズですっきりまとめても。

材料

○糸　カナガワ トゥーオヤ糸
ベージュ（25）
○針　レース針 12 号
○その他
丸小ビーズ

編み方

＊糸は 1 本どり、小花 1 個につきビーズを
4 個通す。
鎖 8 目を編み、ビーズ 4 個引き抜く。続
けて細編み 5 目を編む。図のように繰り返
す。
＊糸始末は P.98 参照。

［ビーズの通し方］

編み方

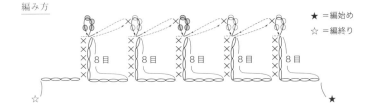

★＝編始め
☆＝編終り

マリーゴールドのチョーカー、ヘアピン→P.35、42

花びらや花心を立体的に仕上げたモチーフ。花を編んだら
シルバーのチョーカー金具やヘアピンに通すだけで仕上げられます。

材料

○糸　カナガワ トゥーオヤ糸
淡ピンク（14）、グレー（17）
○針
レース針 12 号
○その他
丸小ビーズ（クリア）84 個（モチーフ 1
枚分）、チョーカー金具、台つきヘアピン

編み方

＊糸はすべて 1 本どり、編む前にビーズを
通す。
土台は、鎖 3 目を編んでビーズ 6 個を引
き抜き、1 段めを編む。2 段めで花びらを
6 枚編みつける。3 段めで 1 枚ごとに花び
らの縁にビーズを編み入れながら細編みを
編み、花びらをつまむ。続けて花心を編ん
でモチーフを仕上げる。それぞれの金具に
モチーフをつける。
＊糸始末は P.98 参照。

土台と花びらの編み方 (P.43 参照)

3 花心に続く

花心の編み方 (P.43 参照)

花びらから続く
6 枚め

3 枚め

★ ＝編始め
☆ ＝編終り
○ ＝丸小ビーズ

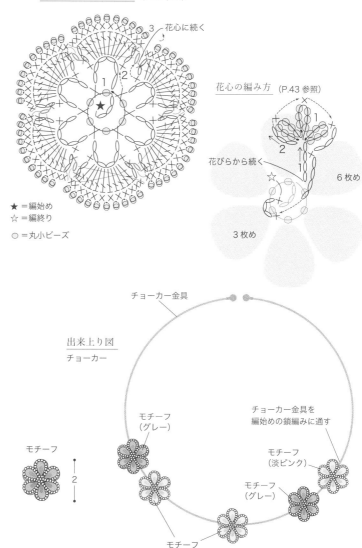

出来上り図
ヘアピン

①シャワー台に
　モチーフを縫いつける
②ツメを内側に曲げて
　シャワー台を固定する

ヘアピン金具

出来上り図
チョーカー

チョーカー金具

チョーカー金具を
編始めの鎖編みに通す

モチーフ
（グレー）

モチーフ
（淡ピンク）

モチーフ
（グレー）

モチーフ
（淡ピンク）

モチーフ

2

レースフラワーのブレスレット → P.36

繊細な編み地のトゥーオヤは糸とビーズの色合せで雰囲気がずいぶん変わります。
長めに編んでチョーカーにも。

材料

○糸　カナガワ トゥーオヤ糸
ブルー系／ブルーグレー（24）、
ベージュ系／ベージュ（25）
○針
レース針12号
○その他
丸小ビーズ　ブルー系／（ライトブラウン）
38個、（ブルー）111個、（ペリドット）85個、
ベージュ系／（イエロー）234個、引き輪、
アジャスターチェーン各1組み、丸かん各
2個

編み方

＊糸は1本どり、編む前にビーズを通す。
ブルー系はビーズの通し方を参照して各色
必要個数を糸に通す。編始めに鎖5目の輪
を作り、鎖編み、ビーズ2個を引き抜くを
繰り返す。もう片方の端に鎖5目の輪を作
り、図のようにビーズを編み入れながら編
む。
＊糸始末はP.98参照。

[ビーズの通し方（ブルー系）]

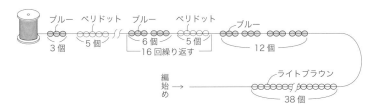

＊ベージュ系は必要個数のイエローを通す

編み方

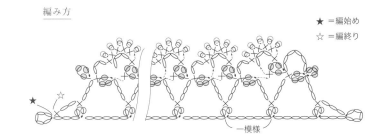

★＝編始め
☆＝編終り

一模様

出来上り図

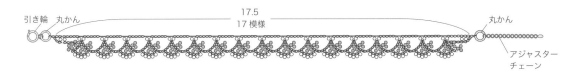

引き輪　丸かん

17.5
17模様

丸かん

アジャスター
チェーン

プリムラのネックレス→P.37

ベージュの糸で編んだシックなネックレス。
花びらは色合いが微妙に異なる4種類のアイボリーのビーズを組み合わせています。

材料

○糸　カナガワ トゥーオヤ糸
ベージュ（25）
○針
レース針12号
○その他
丸小ビーズ（ゴールド）123個、（白、ク
リーム系各種）30個（花モチーフ1枚分）
×12枚分、引き輪、アジャスターチェーン、
丸かん2個

編み方

＊糸は1本どり、編む前にビーズを通す。
鎖5目の輪を作ってから鎖15目、ビーズ
3個引き抜く、を5回繰り返し、次から鎖
17目、花モチーフ、鎖15目、ビーズ3個
引き抜き、図のように配置して編む。編終
りにも鎖5目の輪を作る。
＊糸始末はP.98参照。

[ビーズの通し方]　　＊花びらの30個には白、クリーム系のビーズを通す

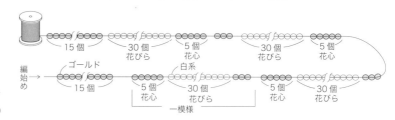

出来上り図

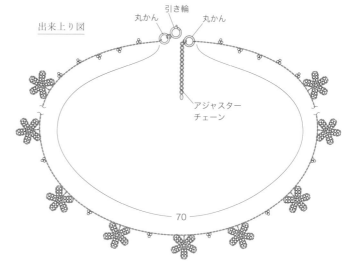

編み方

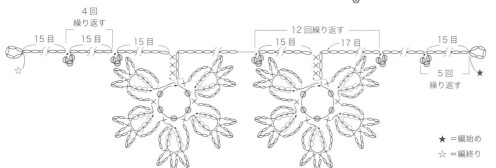

★＝編始め
☆＝編終り

りんごのペンダント → P.38、44

立体的なりんごのモチーフをたくさんつけた個性的なペンダント。
赤、黄色、ピンク、ブルー……ビタミンカラーがポイントです。

材料

○糸　りんご／カナガワ トゥーオヤ糸（下
表組みを参照）
土台／ DMC　Diamant ゴールド＆ブラック
（D140）
○針　レース針 12 号、6 号
○その他
丸小ビーズ 緑 3 個、内側 24 個、外側 40 個（り
んご 1 個分）× 15 個分（下表組みを参照）、
引き輪、アジャスターチェーン、丸かん 17 個

編み方

＊糸はりんごは 1 本どりで、編む前にビーズ
を通す。土台は 2 本どりで編む。
りんごは 12 号針でマルチカラーに作る。編み
方は P.44 を参照。土台は 6 号針で図を参照し
て鎖編みで編む。
＊糸始末は P.98 参照。ゴールド糸は、ほつれ
止め液をつけ 2mm 残して切る。

[ビーズの通し方（りんご 1 個分）]

葉 3 個　　外側 40 個　　内側 24 個　←編み始め

りんごの配色

糸	外側のビーズ	内側のビーズ
黄色（20）	イエロー	クリスタルゴールド
濃オレンジ（18）	オレンジ	ライトブラウン
橙色（19）	ライトオレンジ	ライトゴールド
赤（11）	ライトレッド	ペリドット玉虫
黄緑（29）	ペリドット	ペリドット玉虫
藤色（15）	ダークアメジスト	ライトゴールド
濃赤（10）	ライトレッド	ライトブラウン
レモン色（21）	ライトイエロー	ペリドット玉虫
ピンク（12）	オレンジ	ダークゴールド
ベージュ（25）	ゴールド	茶玉虫
淡紫（16）	アメジスト	ライトブラウン
ラベンダー（32）	ブルー	金茶
水色（23）	アクア	ペリドット玉虫
ベージュ（25）	金茶	茶玉虫
えんじ（9）	レッド	茶玉虫

＊葉のビーズはグリーンを使用

土台の編み方とまとめ方

ゴールド＆ブラック 2 本どり　レース針 6 号

★ ＝編み始め
☆ ＝編み終り

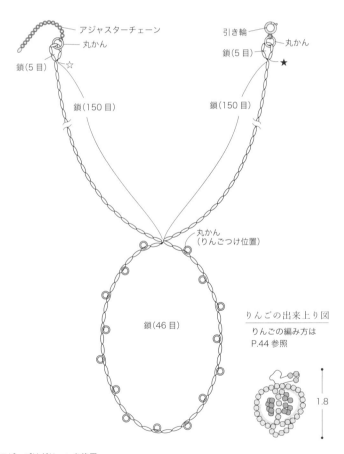

アジャスターチェーン
丸かん
鎖（5目）
引き輪
丸かん
鎖（5目）
鎖（150目）
鎖（150目）
丸かん
（りんごつけ位置）
鎖（46目）

りんごの出来上り図

りんごの編み方は
P.44 参照

1.8

ブラックベリーのブレスレット → P.39

小さな実の連続模様を長めに編んだブレスレットは、手首に何重にも巻きつけて。

材料

○糸　カナガワ トゥーオヤ糸　黒（2）
○針
レース針 12 号
○その他
丸小ビーズ（黒）350 個、引き輪、
アジャスターチェーン、丸かん 2 個

編み方

＊糸は 1 本どり、編む前にビーズを通す。
鎖 5 目の輪を作ってから、鎖 12 目を編み、
ビーズ 7 個を輪にして引抜く。ビーズの間
の糸に細編みを編み入れて鎖 3 目を編む。
図のように繰り返し、編終りに鎖 5 目の輪
を作る。
＊糸始末は P.98 参照。

［ビーズの通し方］

1 モチーフ
7 個

→ 編始め

編み方

★ ＝編始め
☆ ＝編終り

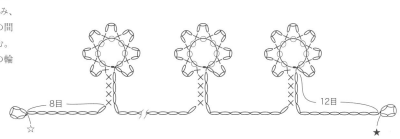

8目　　　　　　　　　　　　　　　　　　12目

☆　　　　　　　　　　　　　　　　　　★

出来上り図

丸かん　引き輪　丸かん　　モチーフ

アジャスター
チェーン

64

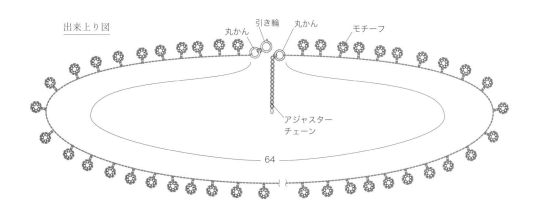

ブラックベリーのベルト → P.39

ブラックベリーのブレスレットの応用。モチーフはウエストサイズに合わせて編み、
前で細長く編んだひもとベルトに通したリボンを結ぶデザイン。

材料

○糸　カナガワ トゥーオヤ糸　黒（2）
○針
レース針 12 号
○その他
丸小ビーズ（ブロンズ）812 個、
（ブラウン）1540 個、（赤）318 個、
リボン 188cm

編み方

＊糸は 1 本どり、編む前にビーズを通す。
ビーズ 10 個を輪にして引き抜き（P.45 参
照）、ビーズの間の糸に細編みを編み入れ
て鎖 3 目を編む。続けて鎖 420 目を編む。
以降も図を参照して編む。もう片方の鎖
420 目を編み、端にビーズ 10 個を輪にし
て引き抜いてから細編みで赤のビーズを編
み入れながら戻る。模様のはしご部分にリ
ボンを通す。

＊糸始末は P.98 参照。

[ビーズの通し方]

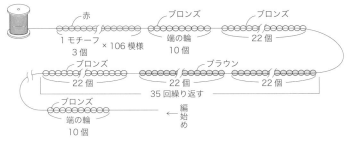

赤
1 モチーフ × 106 模様
3 個

ブロンズ
端の輪
10 個

ブロンズ
22 個

ブロンズ
22 個

ブラウン
22 個

ブロンズ
22 個

35 回繰り返す

ブロンズ
端の輪
10 個

← 編み始め

＊糸が足りなくなったら、新しい糸に替える。
　その場合は残ったビーズを新しい糸に通し直してから編む

出来上り図

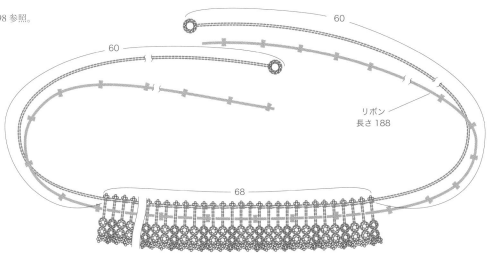

60

60

リボン
長さ 188

68

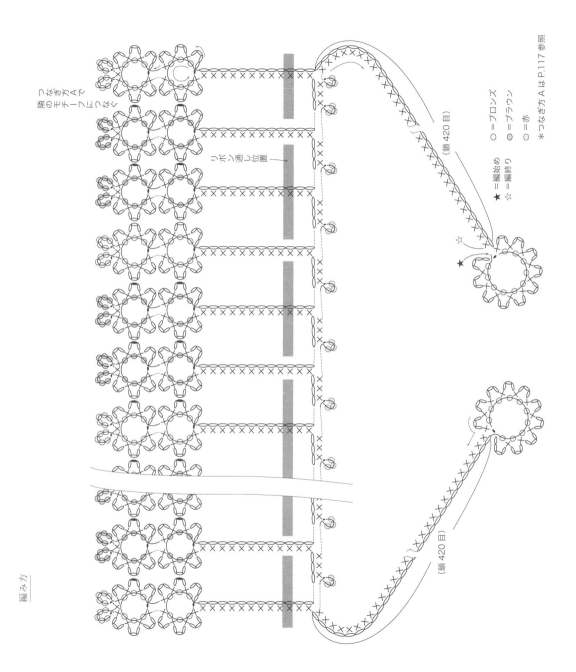

編み方

隣のモチーフにつなぐ
つなぎ方Aで

リボン通し位置

（鎖420目）

（鎖420目）

★つなぎ方AはP.117参照

★ = 編始め　○ = ブロンズ
☆ = 編終り　◎ = ブラウン
　　　　　　　○ = 赤

113

ムスカリのブレスレット → P.36

小さな丸い花をぶどうの房のようにたくさんつけたムスカリの花のモチーフ。
1色のビーズですっきりとまとめます。

材料

○糸　カナガワトゥーオヤ糸　ベージュ（25）
○針　レース針12号
○その他
丸小ビーズ（レッド）207個、引き輪、
アジャスターチェーン各1組み、丸かん2個

編み方

＊糸は1本どり、編む前にビーズを通す。
鎖3目から編み始め、ビーズを3個引き抜く。
鎖1目、編み地をひっくり返して長編み1目
を編む、を繰り返してブレードを編む。ビー
ズを編み終ったら長編みと鎖編みを編みなが
ら戻る。
＊糸始末はP.98参照。

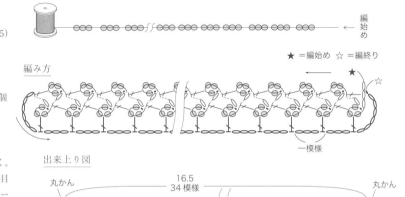

ばらの飾りのハンカチ → P.29

存在感のある赤いばらのモチーフをレースリボンに編みつけて、
ハンカチのコーナーに縫いつけました。

材料

○糸　カナガワ トゥーオヤ糸
モスグリーン（5）、濃赤（10）
○針　レース針12号
○その他　ハンカチ、レースリボン

編み方

＊糸はすべて1本どり。
レースリボンにモスグリーンの糸で土台を編
みつける。濃赤でばらの花を編み、最後のピ
コットで最初に編んだモスグリーンの土台に
バランスよく編みつける。
＊糸始末はP.98参照。

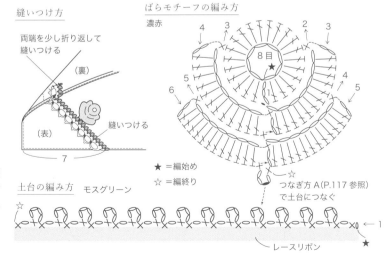

アベリアのネックレス→ P.29

ピコットを連続して編んだベースに立体的な小花モチーフを編みつけたネックレス。
小花はまず花の中心、花びらを編み、その中に花心を編みつけます。

材料

○糸　カナガワ トゥーオヤ糸
えんじ（9）、クリーム色（26）、
淡グリーン（7）
○針
レース針 12 号
○その他
引き輪、アジャスターチェーン、
丸かん 2 個

編み方

＊糸はすべて 1 本どり。
淡グリーンで鎖 5 目の輪を作ってから鎖
369 目を編み、編終りに鎖 5 目の輪を作る。
図を参照して細編みと鎖 4 目のピコットと
鎖 5 目、鎖 6 目のピコット、鎖 5 目のモ
チーフつけ位置となる土台を編む。アベリ
アの花モチーフを鎖 6 目のピコットに編み
入れ、花心をその上に編みつける。
＊糸始末は P.98 参照。

出来上り図

（鎖48目）
23 ピコット
引き輪
丸かん
（鎖49目）
23 ピコット
丸かん
モチーフを
編みつける
＝7 ピコット
アジャスター
チェーン
49

アベリアモチーフの編み方
えんじ

2
☆
1

花心の編み方
クリーム色

☆

※＝花心の細編み編みつけ位置

アベリアモチーフ
編みつけ位置

土台の編み方
淡グリーン

☆
★
←1

（鎖49目）
23 ピコット
全体で鎖 369 目作る

（鎖8目）

（鎖16目）
7 ピコット

（鎖8目）

（鎖48目）
23 ピコット

11 回繰り返す

★＝編始め
☆＝編終り

115

基本の編み方

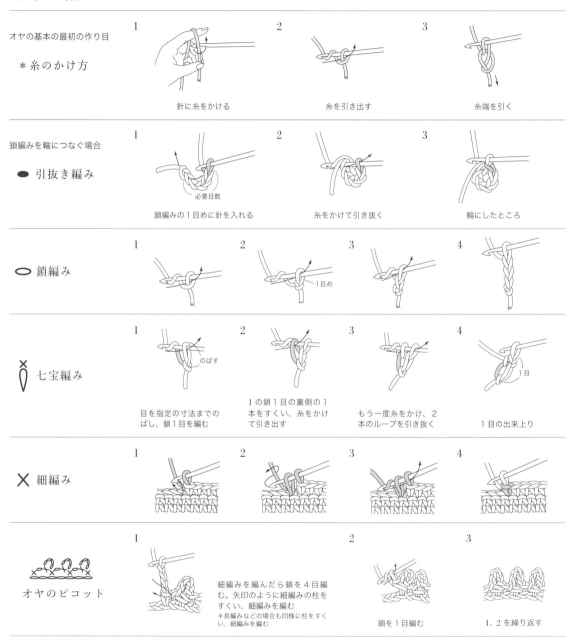

オヤの基本の最初の作り目

＊糸のかけ方

1　針に糸をかける

2　糸を引き出す

3　糸端を引く

鎖編みを輪につなぐ場合

● 引抜き編み

1　鎖編みの1目めに針を入れる　必要目数

2　糸をかけて引き抜く

3　輪にしたところ

○ 鎖編み

1　　2　1目め　　3　　4

⦚ 七宝編み

1　のばす

目を指定の寸法までの
ばし、鎖1目を編む

2

1の鎖1目の裏側の1
本をすくい、糸をかけ
て引き出す

3

もう一度糸をかけ、2
本のループを引き抜く

4　1目

1目の出来上り

✕ 細編み

1　　2　　3　　4

オヤのピコット

1

細編みを編んだら鎖を4目編
む。矢印のように細編みの柱を
すくい、細編みを編む
＊長編みなどの場合も同様に柱をすく
い、細編みを編む

2

鎖を1目編む

3

1、2を繰り返す

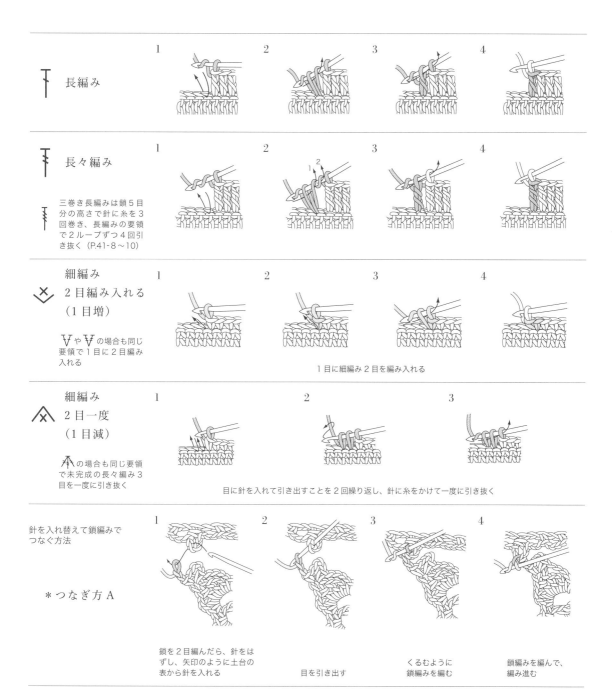

| | | 1 | 2 | 3 | 4 |

長編み

長々編み

三巻き長編みは鎖5目分の高さで針に糸を3回巻き、長編みの要領で2ループずつ4回引き抜く（P.41-8〜10）

細編み
2目編み入れる
（1目増）

Ｖや𝐕 の場合も同じ要領で1目に2目編み入れる

1目に細編み2目を編み入れる

細編み
2目一度
（1目減）

𝐀 の場合も同じ要領で未完成の長々編み3目を一度に引き抜く

目に針を入れて引き出すことを2回繰り返し、針に糸をかけて一度に引き抜く

針を入れ替えて鎖編みでつなぐ方法

＊つなぎ方A

鎖を2目編んだら、針をはずし、矢印のように土台の表から針を入れる

目を引き出す

くるむように鎖編みを編む

鎖編みを編んで、編み進む

117

第3章　メキッキオヤ

How to Make

■ シャトルの使い方

メキッキオヤでは糸はすべてシャトルに巻いて使います。基本はシャトルを2個使用(1個の糸は芯糸、もう1個は目を作る糸)しますが、中にはシャトルを一度に3個使う作品もあります。その場合、芯糸のシャトル、目を作るためのシャトル以外の使わないシャトルは、左手の甲側に垂らしておくなど、じゃまにならないように休ませておきます。

■ 目の作り方

一般のタティングレースの場合は、結び目を移すことでシャトルの糸が芯糸に、左手の糸にかけた糸が芯糸に巻きついて目になりますが、メキッキオヤの場合は、目を移す工程はなく、左手にかけた芯糸にシャトルの糸を巻きつけてそのまま目を作ります。作った目にすきまができないように、しっかり、前の目に寄せることがポイントです。

→表目、裏目の作り方　P.57、58 参照

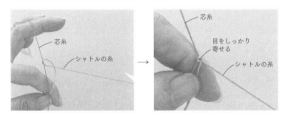

■ ピコの作り方

ピコの大きさをそろえてきれいに作るにはゲージを入れて目を作ります。ただし、極小のピコを作る場合、または慣れてきて均等なピコが作れるようになったらゲージを使わなくてもいいです。ピコの大きさはこの本の作品では基本的には高さ2.5mm(ゲージはピコの高さの2倍の5mm幅を使用)、それ以外の場合は作り方図に記載します。

→ピコの作り方　P.59 参照

■ リングを作り進む方向

メキッキオヤのリングのピコは常に左手にかけた芯糸の右側にできます(一般のタティングレースの場合は反対)。作り進む方向は反時計回りになります。

→リングの作り方　P.59 参照

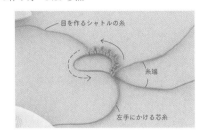

■ リバースワークについて

メキッキオヤでは、基本的にチェーンからリング、リングからチェーン、またはチェーンAからチェーンBと切り替わるときには、前に作ったチェーン(またはリング)を裏返し、向きが逆になるように持ち替えて(左手にかけた糸の左側にくるように・写真)、次のリング、またはチェーンを作ります。これでリングやチェーンの弧の向き(ピコのある方向)が交互になり、模様ができます。

→リバースワーク　P.60 参照

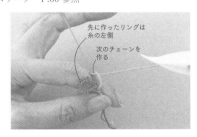

■ 作品の表と裏

メキッキオヤの場合、目に表と裏で違いがあります。最初に作ったリング(またはチェーン)が表とすると、リバースワークで作ったチェーン(またはリング)は裏になります。アクセサリーに仕上げた場合、どちらを表にするかは好みで決めてかまいませんが、糸処理などは裏にくるように注意します。

■ ビーズの通し方

ビーズを通す作品の場合は、あらかじめ指定の数のビーズをシャトルに通しておき（数種類のビーズを使う場合は、使う順番とは逆に通す）、その都度引き寄せて使います。ビーズの通し方には、芯糸に通す場合とピコに通す場合の2種類があります。芯糸に通す場合は、芯糸に通したビーズを直前に作った目の側に寄せて次の目を作ります（リングの芯糸に通す場合は、輪を作るときに必要な個数を引き寄せておく）。ピコに通す場合は、シャトルの糸にビーズを引き寄せピコを作ります。

ピコにビーズを通す場合

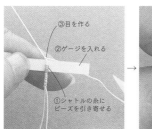

■ 糸のつなぎ方

糸が残り少なくなったらリングの根もとで新しい糸をこま結び（下の図参照）し、糸端の始末をします。

■ 糸端の始末

最後は作品を裏にして、出ている2本の糸をこま結び（下の図参照）にし、結び目にほつれ止め用のりをつけ、乾かしてからはみ出した糸を切ります。糸を結ばずにそのまま2mmほど残して切る場合もありますが、その場合も同様にほつれ止め用ののりで処理します。

■ ほどき方

目数やピコの位置などを間違えたときは、最後の目から順にシャトルの爪か縫い針を入れて少しずつゆるめてほどき、やり直します。メッキオヤの場合、目を移さないやり方なのでほどきやすいです。

■ 作り方図の見方

★は作り始め、☆は作り終り、図の中の数字は目数（ダブルステッチの目数）を表わします。リング、チェーンなどの模様の区別は濃淡で。渡し糸（目と目の間に渡る糸）は点線で描いています。作り方図は実物大ではなく、見やすい大きさで描いています。リングの形なども実物とは多少異なる場合もあります。

■ シャトル

シャトルにあらかじめビーズを通すものは、図で表わしています。それ以外は通す糸の色を明記しています。作り方図の中の表記に合わせてシャトル（ⓐ、ⓑ）を使い分けてください。

■ 糸について

糸の分量は特記したもの以外は少量です。色名の後の（　）内は色番号です。

■ 作品のサイズについて

作る人によって仕上りの大きさが違ってきます。ネックレスやチョーカー、ブレスレットは作るモチーフの数を増減して、好みの長さに仕上げてください。

<こま結びの方法>

シンプルな連続模様→ P.47

リングとチェーン、またはチェーンとチェーンの繰返しで作る連続模様は
ブレスレットやチョーカーに。2色の組合せで雰囲気が変わります。

A の材料

○糸 DMC レース糸 80 番
黒、ベージュ（842）
○シャトル 2 個
ⓐ＝ベージュ　ⓑ＝黒

作り方のポイント

チェーン一模様作るごとに、前のチェーン
を逆向きに持ち替えて（リバースワーク）、
次のチェーンを作り、指定の位置でジョイ
ントして前のチェーンのピコにつなぐ。

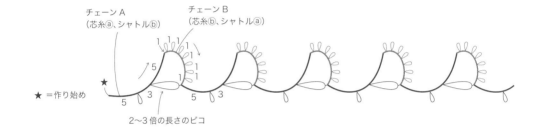

チェーン A
（芯糸ⓐ、シャトルⓑ）

チェーン B
（芯糸ⓑ、シャトルⓐ）

★＝作り始め

2〜3 倍の長さのピコ

B の材料

○糸 DMC レース糸 80 番
黒、ベージュ（842）
○シャトル 2 個
ⓐ＝ベージュ　ⓑ＝黒

作り方のポイント

チェーン、リング 3 個（同じ向きで作る）、
チェーンと繰り返して作る。いちばん最初
のリングを引き締めるときには、P.59 の
13 のように、作ったピコが順番に並ぶよ
うに手で整えて引き締める。

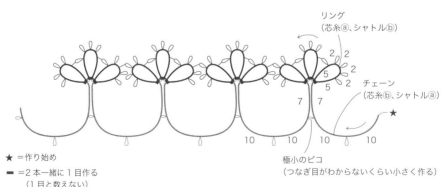

リング
（芯糸ⓐ、シャトルⓑ）

チェーン
（芯糸ⓑ、シャトルⓐ）

★＝作り始め

極小のピコ
（つなぎ目がわからないくらい小さく作る）

★＝作り始め
━＝2 本一緒に 1 目作る
　（1 目と数えない）

D の材料

○ 糸 カナガワ 絹穴糸
黄色 (19)、白 (182)
○シャトル 2 個
ⓐ＝黄色　ⓑ＝白

作り方のポイント

リングを作ったあと、リバースワークで
チェーンを作り、前に作ったリングのピコ
にジョイントし、さらに 1 目作ったあと、
次のリングを作り、同様に作り進む。

E の材料

○ 糸 カナガワ 絹穴糸
ブルー (34)、白 (182)
○シャトル 2 個
ⓐ＝ブルー　ⓑ＝白

作り方のポイント

リング、リバースワークでチェーンを作り、
リングのピコとジョイント、チェーン、リ
ング、と作り進む。最後のリングを作り、
チェーンをピコにつないだあとは、チェー
ンをリングの反対側に作りながら、戻る。

F の材料

○ 糸 カナガワ 絹穴糸
白 (182)、ピンク (171)
○シャトル 2 個
ⓐ＝白　ⓑ＝ピンク

作り方のポイント

チェーンだけのモチーフ。リバースワーク
で作り進み、指定の位置でジョイントでつ
なげて、作り進む。

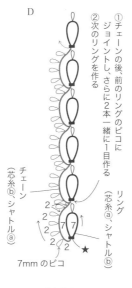

D

①チェーンの後、前のリングのピコに
ジョイントし、さらに 2 本一緒に 1 目作る
②次のリングを作る

チェーン
(芯糸ⓑ)、シャトルⓐ)

リング
(芯糸ⓐ、シャトルⓑ)

7mm のピコ

★＝作り始め
▬＝2 本一緒に 1 目作る
　（1 目と数えない）

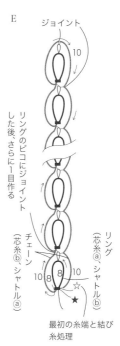

E

ジョイント

10

リングのピコにジョイント
した後、さらに 1 目作る

チェーン
(芯糸ⓑ)、シャトルⓐ)

リング
(芯糸ⓐ、シャトルⓑ)

10 8 8 10
☆

最初の糸端と結び
糸処理

★＝作り始め
☆＝作り終り
▬＝2 本一緒に 1 目作る
　（1 目と数えない）

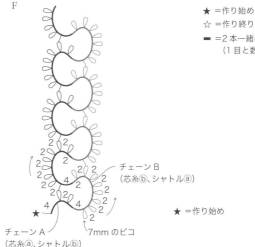

F

チェーン B
(芯糸ⓑ、シャトルⓐ)

2 2 2 2 4 2 2 2 2 4

チェーン A
(芯糸ⓐ、シャトルⓑ)

7mm のピコ

★＝作り始め

ゴールドラメのチョーカー→ P.48

ゴールドのラメ糸を使ったチョーカーは、外側を縁どるピコがポイント。
チェーンだけのモチーフです。

材料

○糸　DMC　Diamant ライトゴールド
（D3821、D3852）
○その他
丸小ビーズ　金茶128個、ゴールド128個、
引き輪、アジャスターチェーン、丸かん2
個
○シャトル2個

作り方のポイント

丸かんつけ位置のリングを作り、チェーン
A、リバースワークでチェーン Bを繰り返
す。ピコは高さがそろうように気をつける。

ⓐ 　　　　　　　　　　　3821
ビーズ(金茶)128個

ⓑ 　　　　　　　　　　　3852
ビーズ(ゴールド)128個

★＝作り始め
☆＝作り終り
▬＝2本一緒に1目作る
　　（1目と数えない）

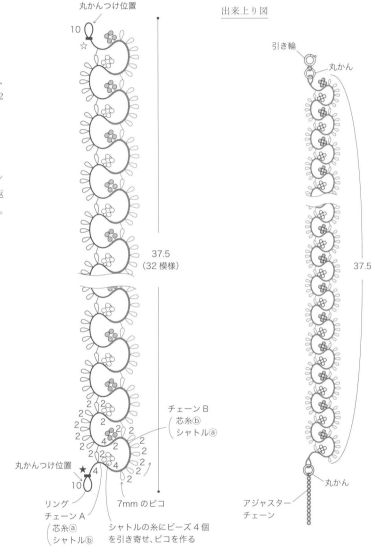

丸かんつけ位置

10
☆

37.5
(32 模様)

チェーン B
芯糸ⓑ
シャトル ⓐ

7mm のピコ

丸かんつけ位置

10

リング
チェーン A
（芯糸ⓐ
シャトル ⓑ）

シャトルの糸にビーズ4個
を引き寄せ、ピコを作る

出来上り図

引き輪

丸かん

37.5

丸かん

アジャスター
チェーン

デイジーのブレスレット → P.48

ベージュの糸を使い、形、大きさ、質感の違う赤と白のビーズを組み合わせた、
大人っぽい雰囲気のブレスレットです。

材料

○糸　カナガワ 絹穴糸　ベージュ（80）
○その他
丸小ビーズ　チェリーピンク、えんじ各
80個、竹ビーズ 6mm　白 16個、特小ビー
ズ　白 45個、クリア 30個、引き輪、アジャ
スターチェーン、丸かん 2個
○シャトル 2個

作り方のポイント

リングとチェーンのリバースワークで作り
進むが、このモチーフはリングをジョイン
トするとき、前のリングが左側にくるため
右上の図のようにつなぐ。ビーズは指定位
置ですべて芯糸に引き寄せて入れる。

リングのつなぎ方

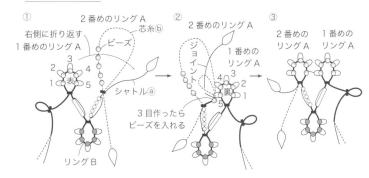

① 2番めのリング A
右側に折り返す
1番めのリング A
ビーズ
芯糸ⓑ
表
3　4
1　5
シャトルⓐ
リング B

② 2番めのリング A
ジョイント
1番めの
リング A
裏
4　3
5　2
1
3目作ったら
ビーズを入れる

③ 2番めの　1番めの
リング A　リング A

2番めのリング A をジョイン
トの前まで作ったら（3 目
作ってビーズを 1 個引き寄せ
る）、1 番めのリング A を右側
に折り返す（2 番めのリング
A を左手にかけたまま）

1 番めのリング A の 5 番め
のピコが 2 番めのリング A
の芯糸の上にくるように当
て、ジョイント

2 番めのリング A を仕上げ
る。このあとチェーン、リン
グ B も同様に前のリングに
ジョイントしながら作り進
む

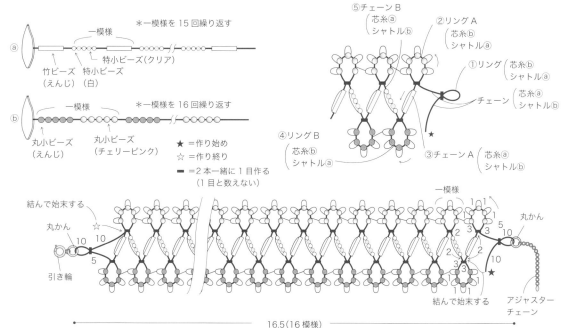

ⓐ
竹ビーズ
（えんじ）
特小ビーズ
（白）
一模様
特小ビーズ（クリア）
＊一模様を 15 回繰り返す

ⓑ
丸小ビーズ
（えんじ）
丸小ビーズ
（チェリーピンク）
一模様
＊一模様を 16 回繰り返す

★＝作り始め
☆＝作り終り
━＝2 本一緒に 1 目作る
（1 目と数えない）

⑤チェーン B
芯糸ⓐ
シャトルⓑ

②リング A
芯糸ⓑ
シャトルⓐ

①リング
芯糸ⓑ
シャトルⓐ

チェーン
芯糸ⓐ
シャトルⓑ

④リング B
芯糸ⓑ
シャトルⓐ

③チェーン A
芯糸ⓐ
シャトルⓑ

結んで始末する
☆
丸かん
10
10
5
引き輪

一模様
1 1
1
5
3
2
2
3
1
1
★
結んで始末する

丸かん
10
5
10

アジャスター
チェーン

16.5（16 模様）

三つ葉モチーフのチョーカー → P.49

P.120 の B のモチーフにビーズをプラスしたデザイン。
つける時には三つ葉の部分を上向きにしても、下向きにしても、お好みで。

材料

○糸　DMC レース糸 80 番
ベージュ（842）、黒
○その他
特小ビーズ　黒 237 個、引き輪、アジャ
スターチェーン、丸かん 2 個
○シャトル 2 個

作り方のポイント

三つ葉のモチーフの茎のチェーンのピコ
は、ジョイントしたときにつなぎ目が目立
たないように、とても小さく作る。

出来上り図

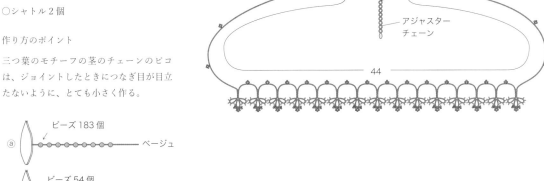

44

ビーズ 183 個
ⓐ　　　　　　　　　　　ベージュ

ビーズ 54 個
ⓑ　　　　　　　　　　　黒

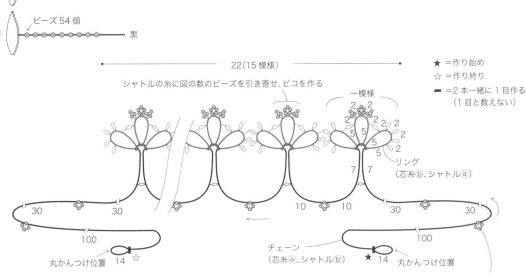

22（15 模様）

シャトルの糸に図の数のビーズを引き寄せ、ピコを作る

★ ＝作り始め
☆ ＝作り終り
━ ＝2 本一緒に 1 目作る
　　（1 目と数えない）

一模様

リング
（芯糸ⓑ、シャトルⓐ）

チェーン
（芯糸ⓐ、シャトルⓑ）

丸かんつけ位置

芯糸にビーズを 1 個引き寄せた後、
シャトルの糸に 3 個引き寄せ、ピコ
を作る

124

すずらんのベルト → P.50

少し太めの糸を使ってボリューム感を出したベルト。
両端のひもはチェーンを長く作り、先にリングの飾りをつけています。

材料

○糸　オリムパス エミーグランデ
ベージュ（808）、ブラウン（739）
○その他
丸大ビーズ　赤368個
○シャトル2個
ⓑ＝ブラウン　ⓐは下の図参照

作り方のポイント

本体は、まず、上側のリング（ビーズを4
個通したピコを作る）、チェーン、リング
（途中で前のリングのピコとつなぐ）と作
る。これを繰り返して端まで作ったら、下
側を作りながら戻る（リングはすべて上部
のリングのピコにつなぐ）。ひもをリング
とチェーンで2本作り、本体につなげる。

★＝作り始め
☆＝作り終り
━＝2本一緒に1目作る
　　（1目と数えない）

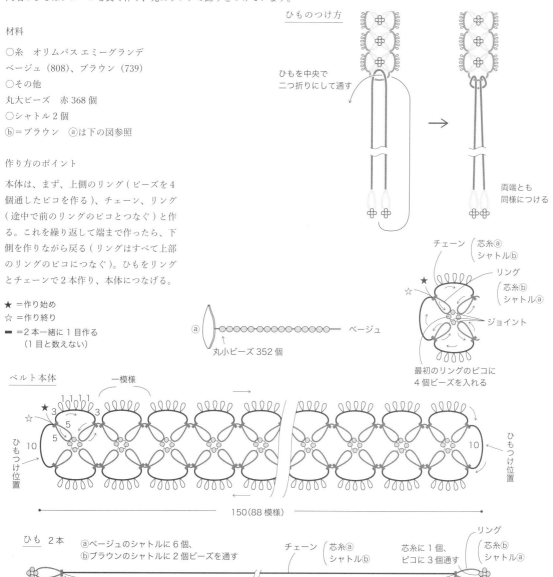

ひものつけ方

ひもを中央で
二つ折りにして通す

両端とも
同様につける

チェーン（芯糸ⓐ
　　　　　シャトルⓑ

リング
（芯糸ⓑ
　シャトルⓐ

ジョイント

最初のリングのピコに
4個ビーズを入れる

ⓐ　丸小ビーズ352個　ベージュ

ベルト本体　　　一模様

ひもつけ位置

ひもつけ位置

150(88模様)

ひも　2本　ⓐベージュのシャトルに6個、
　　　　　　ⓑブラウンのシャトルに2個ビーズを通す

チェーン（芯糸ⓐ
　　　　　シャトルⓑ

芯糸に1個、
ピコに3個通す

リング
（芯糸ⓑ
　シャトルⓐ

100

マーガレットのラリエット → P.52

カラフルなマーガレットモチーフをつなげたラブリーなアクセサリー。
花の中心に糸を巻きつけるメキッキオヤのテクニックで。

材料

○糸　カナガワ　絹穴糸
白（182）、イエロー（196）、パープル（22）、
ターコイズ（136）、オレンジ（177）、ピ
ンク（11）、エメラルドグリーン（31）
○その他
特小ビーズ　クリア 1268 個、パールビー
ズ 2mm 69 個、ブレード（メタリック）
120cm、丸かん 5 個
○シャトル 2 個
ⓐ＝芯糸（白）　ⓑは下の図参照

作り方のポイント

マーガレットのモチーフ（A、B）はまず
花びらを作り、その後、花心の色糸を中心
部に巻きつける（P.64 参照）。指定の個数
を途中、前のモチーフとつなげながら順次
作り、最後にブレードにとめつける。

モチーフの作り方

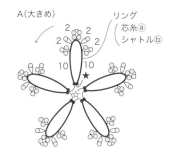

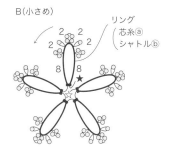

★＝作り始め
☆＝作り終り
▬＝2 本一緒に 1 目作る
　（1 目と数えない）

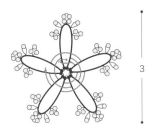

色糸の 2 本どりで直径約 1cm
になるまで巻きつける。
花の中央にパールビーズ 3 個を
縫いつける
＊P.64 参照

ⓑ ═○○○○○○〜〜〜○○○○○○═ 白
　　　　ビーズ（クリア）60 個（モチーフ 1 枚分）
＊4 個余るモチーフ、8 個余るモチーフもある

モチーフのつなぎ方

モチーフの色の配置、つなぐ個数は出来上り図を参照

← つなぐ方向

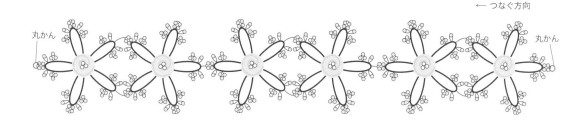

丸かん　　　　　　　　　　　　　　　　　　　　　　　　　　　　丸かん

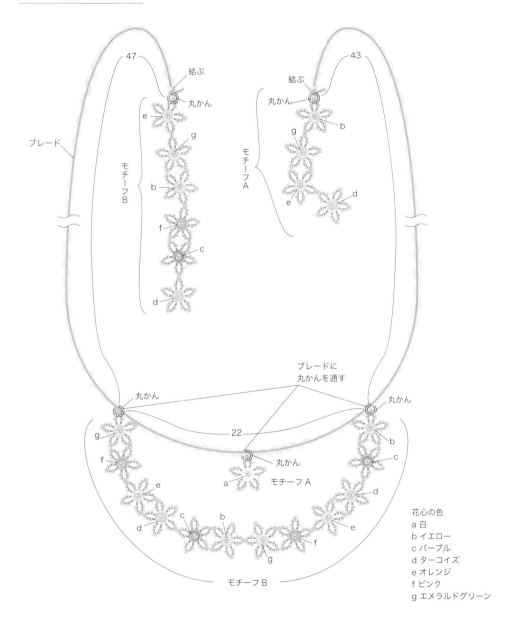

47

結ぶ

丸かん

ブレード

e

g

モチーフB

b

f

c

d

43

結ぶ

丸かん

b

g

モチーフA

e

d

ブレードに
丸かんを通す

丸かん

丸かん

g

b

f

c

22

a

丸かん

モチーフ A

e

d

c

b

d

e

g

f

花心の色
a 白
b イエロー
c パープル
d ターコイズ
e オレンジ
f ピンク
g エメラルドグリーン

モチーフ B

ばらのリング → P.53

渡し糸のテクニックで作った花びらを重ねて作ります。
ピアスやイアリングにしてもかわいい。

材料

○糸　DMC レース糸 40 番　Ecru（芯糸用）、
Lizbeth レース糸 80 番（色は下の表参照）
○その他　リング金具
○シャトル 3 個
ⓐ＝芯糸　ⓑ＝花びらの面の糸
ⓒ＝花びらの縁の糸

作り方のポイント

渡し糸のモチーフ（P.62）の要領で大、中、小
の花びらを作る（目数は作り方図参照）。3 枚
の花びらを重ね、リング金具にとめつける。

シャトルの糸（Lizbeth）

モチーフの色	花びら	ⓑ花びらの面	ⓒ花びらの縁
A ベージュ系	大	段染め(168)	ベージュ(693)
	中	段染め(168)	ベージュ(693)
	小	ベージュ(693)	ベージュ(693)
B グリーン系	大	段染め(159)	グリーン(678)
	中	段染め(159)	グリーン(678)
	小	グリーン(678)	グリーン(678)
C グレー系	大	段染め(115)	グレー(605)
	中	段染め(115)	グレー(605)
	小	グレー(605)	グレー(605)

モチーフの大の作り方

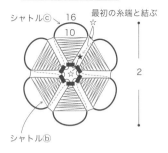

シャトルⓒ　16
10
最初の糸端と結ぶ ☆
★
シャトルⓑ
2

モチーフの中の作り方

シャトルⓒ　14
8
☆
★
シャトルⓑ
1.5

★ ＝作り始め
☆ ＝作り終り
━ ＝2 本一緒に 1 目作る
（1 目と数えない）

＊芯糸はすべてシャトルⓐ

モチーフの小の作り方

シャトルⓑ　12
6
☆
★
シャトルⓒ
1

作り始め

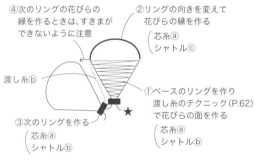

④次のリングの花びらの
縁を作るときは、すきまが
できないように注意

②リングの向きを変えて
花びらの縁を作る
芯糸ⓐ
シャトルⓒ

渡し糸ⓑ

①ベースのリングを作り
渡し糸のテクニック（P.62）
で花びらの面を作る
芯糸ⓐ
シャトルⓑ

③次のリングを作る
芯糸ⓐ
シャトルⓑ

まとめ方と出来上り図

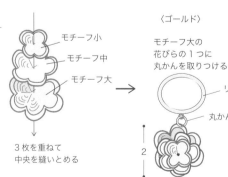

モチーフ小
モチーフ中
モチーフ大

3 枚を重ねて
中央を縫いとめる

〈ゴールド〉

モチーフ大の
花びらの 1 つに
丸かんを取りつける

リング金具

丸かん

2

〈シルバー〉

モチーフをとめた
糸をシャワー台に
結びつける

つめを折り曲げて
固定する

リング金具

なでしこのバブーシュカ→P.53

渡し糸の花モチーフをつなげて作るバブーシュカ。パステルカラーの段染め糸を使って、
ノスタルジックなかわいらしさを演出。

材料

○糸　DMCレース糸40番　Ecru、
Lizbethレース糸80番　ベージュ（603）、
ピンク×ブルーの段染め（109）
○その他
6mm幅のサテンリボン（ベージュ）48cm
×2本
○シャトル3個
ⓐ＝芯糸（Ecru）　ⓑ＝ベージュ
ⓒ＝段染め糸

作り方のポイント

渡し糸のモチーフをP.62を参照して作り、
2個め以降は前のモチーフとつなげながら
作る。配置図を参照してすべて作り、両端
にリボンを通す。

モチーフの作り方

＊詳しい作り方は62ページ参照

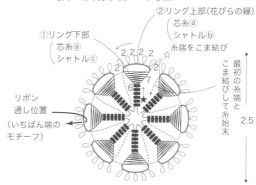

①リング下部
芯糸ⓐ
シャトルⓒ

②リング上部(花びらの縁)
芯糸ⓐ
シャトルⓑ
糸端をこま結び

☆最初の糸端と
こま結びして糸始末

最初の糸端とこま結びして糸始末

2.5

リボン
通し位置
（いちばん端の
モチーフ）

★＝作り始め
☆＝作り終り
■＝2本一緒に1目作る
（1目と数えない）

モチーフのつなぎ方

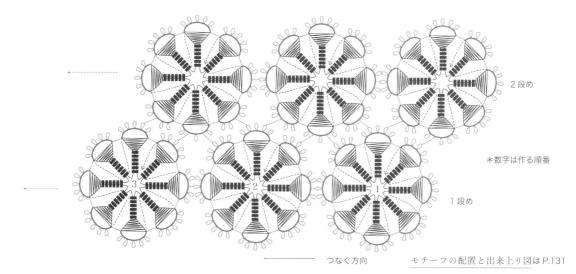

2段め

1段め

＊数字は作る順番

← つなぐ方向

モチーフの配置と出来上り図はP.131

こでまりのつけ衿→ P.54　丸い花のモチーフ→ P.51A

クラシックなつけ衿はさり気なく肩からかけたり、ブラウスやワンピースにとめつけたり、
両端にリボンをつけて結んだり、自由なアレンジで。

材料

○糸　DMC レース糸 70 番　Ecru
○シャトル 2 個
ⓐ、ⓑとも Ecru

作り方のポイント

まず、中心部を作り（P.60 のあじさいのモ
チーフの作り方を参照）、糸端の処理をし
たあと、外側を中心部につなげながら作る。
2 個めからは前のモチーフを指定の位置で
つなぎながら作る。つけ衿が U 字形に
なるように、モチーフのつなぎ位置が違って
いるので注意する。

モチーフの作り方

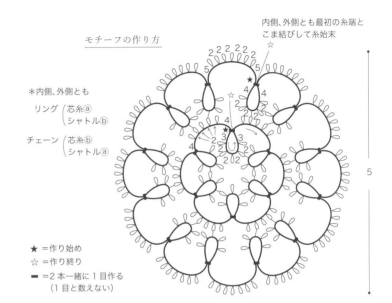

＊内側、外側とも

リング（芯糸ⓐ
　　　　シャトルⓑ

チェーン（芯糸ⓑ
　　　　　シャトルⓐ

★=作り始め
☆=作り終り
■=2 本一緒に 1 目作る
　（1 目と数えない）

内側、外側とも最初の糸端と
こま結びして糸始末
☆

モチーフのつなぎ方

つなぐ方向
←

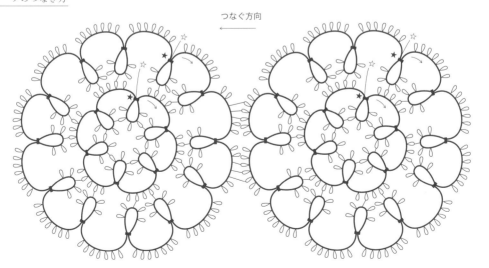

モチーフの配置と出来上り図

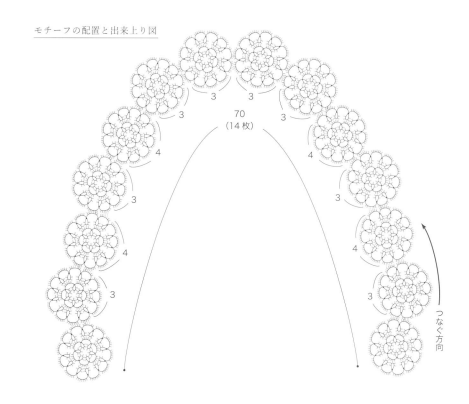

3   3

70
（14枚）

3   3

4   4

3   3

4   4

3   3

つなぐ方向

P.129 なでしこのバブーシュカ
モチーフの配置と出来上り図

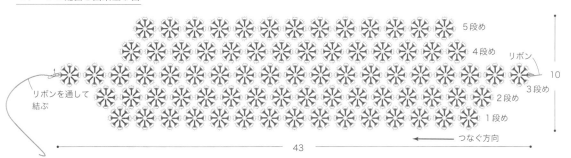

5段め

4段め

リボン

3段め

2段め

1段め

10

リボンを通して
結ぶ

43

つなぐ方向

クリスマスローズのネックレス→P.54　丸い花のモチーフ→P.51B

→P.54　→P.51B
（ビーズなし）

花心部分にビーズをあしらった大きめの花モチーフをつなげて、
コスチュームジュエリー風のネックレスを作りました。

材料

○糸　ダルマ　絹穴糸
薄いピンク（128）、ピンク（130）、赤紫（131）
○その他
丸小ビーズ　ゴールド288個、引き輪、
アジャスターチェーン、丸かん4個、チェー
ン（ゴールド）20cm×2本
○シャトル2個
ⓐ＝内側の糸（下の図参照）
ⓑ＝外側の糸

作り方のポイント

モチーフはあじさいのモチーフ（P.60参
照）を参照して作る。ただし、リングの数
は6個、リングのピコにはビーズを通す。
2個めのモチーフからは、前のモチーフの
ピコにつなぎながら作る。

ⓐ
丸小ビーズ18個（モチーフ1枚分）

モチーフの作り方

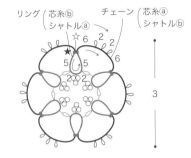

リング　芯糸ⓑ　　チェーン　芯糸ⓐ
シャトルⓐ　　　　　　シャトルⓑ

モチーフの配色

モチーフ	ⓐ内側	ⓑ外側
A	ピンク	薄いピンク
B	薄いピンク	赤紫
C	赤紫	ピンク

★＝作り始め　　■＝2本一緒に1目作る
☆＝作り終り　　　　（1目と数えない）

モチーフのつなぎ方と配置図

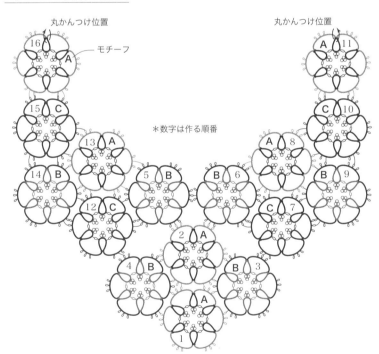

丸かんつけ位置　　　　　　　　　　丸かんつけ位置
モチーフ

＊数字は作る順番

出来上り図

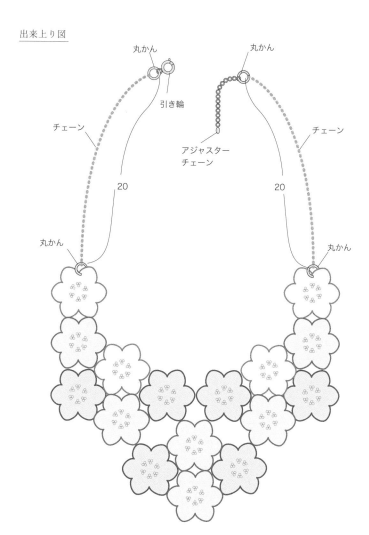

丸かん

引き輪

丸かん

チェーン

アジャスター
チェーン

チェーン

20

20

丸かん

丸かん

あじさいのジレ → P.55

たくさんの花モチーフを長方形につなげて作るジレ。
スリットから手を通し、ベスト風に着たり、くるりと巻いてショールにも。

材料

○糸　Lizbeth レース糸 80 番
紺（654）、ピンク系段染め（127）、グリー
ン系段染め（161）、マルチカラーの段染
め（153）
○シャトル 2 個
ⓐ＝内側の糸　ⓑ＝外側の糸

作り方のポイント

モチーフは P.60 を参照して作る。2 個め
からは前のモチーフにつなぎながら作る。
横一列に進み、指定の位置（腕を通す部分）
では上下をつながないように注意する。

モチーフの作り方

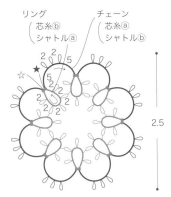

リング　　　　　チェーン
芯糸ⓑ　　　　　芯糸ⓐ
シャトルⓐ　　　シャトルⓑ

☆＝作り終り　★＝作り始め

2.5

モチーフの配色

モチーフ	ⓐ内側	ⓑ外側
A	紺	紺
B	ピンク系	紺
C	グリーン系	紺
D	マルチカラー	紺

★＝作り始め　━＝2 本一緒に 1 目作る
☆＝作り終り　　　（1 目と数えない）

モチーフのつなぎ方

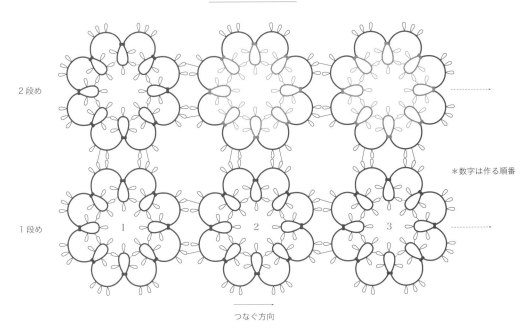

2 段め

1 段め

＊数字は作る順番

1　　2　　3

つなぐ方向

モチーフの配置と出来上り図

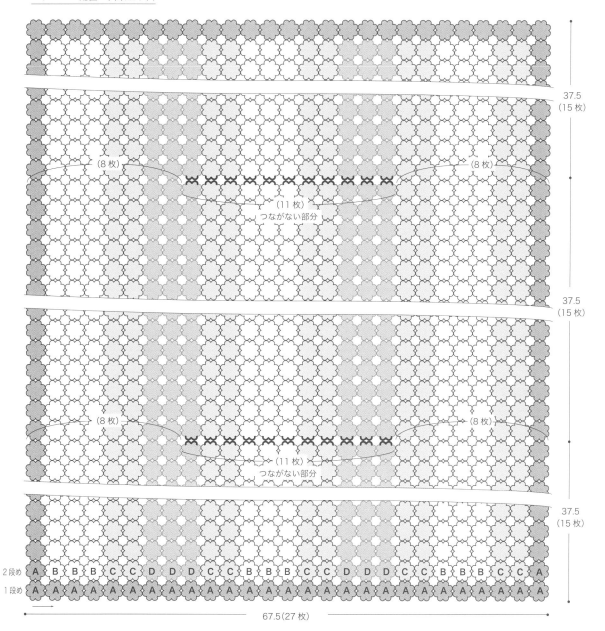

37.5
(15枚)

37.5
(15枚)

37.5
(15枚)

(8枚)　　　　　　　　　　　　　　　　　　(8枚)
(11枚)
つながない部分

(8枚)　　　　　　　　　　　　　　　　　　(8枚)
(11枚)
つながない部分

2段め　A B B B C C D D D C C B B B C C D D D C C B B B C C A
1段め　A A A A A A A A A A A A A A A A A A A A A A A A A A A

67.5(27枚)

ブックデザイン	戸川知啓、戸川知代（Tuesday）
撮影	豊田 都
スタイリング（モデル）	串尾広枝
ヘア＆メイク	草場妙子（井上事務所）
モデル	Olga M.　Anna B.　Nancy
トレース	西田千尋、安藤能子（fève et fève）
プロセス撮影	安田如水（文化出版局）
DTP オペレーション	末澤七帆、西 杏梨（文化出版局）
校閲	向井雅子
編集	小山内真紀
	大沢洋子（文化出版局）

本書は、
2012 年発行『針 1 本で作る花レース イーネオヤのアクセサリー』
2013 年発行『かぎ針で編む花レース トゥーオヤのアクセサリー』
2013 年発行『シャトルで作る花レース メキッキオヤのアクセサリー』
（すべて文化出版局刊）の中から作品を厳選して再編集、一部変更したものです。
2010 年〜'12 年頃に作品を製作しているため、
現在、入手困難になっている材料もあります。ご了承ください。

道具提供（レース針、シャトル）クロバー　https://clover.co.jp/

3 つの技法で作るトルコの花レース

オヤのアクセサリー ベストセレクション

2024 年　6月　9日　第 1 刷発行

著　者	七海 光
発行者	清木孝悦
発行所	学校法人文化学園 文化出版局
	〒 151-8524
	東京都渋谷区代々木 3-22-1
	電話 03-3299-2489（編集）
	03-3299-2540（営業）
印刷・製本所	株式会社文化カラー印刷

文化出版局のホームページ　https://books.bunka.ac.jp/